ISAAC NEWTON

Discovering Laws that Rule the Universe

Descubriendo las leyes que gobiernan el universo

BLACKBIRCH PRESS
An imprint of Thomson Gale, a part of The Thomson Corporation

THOMSON
GALE

Detroit • New York • San Francisco • San Diego • New Haven, Conn. • Waterville, Maine • London • Munich

For more information, contact
The Gale Group, Inc.
27500 Drake Rd.
Farmington Hills, MI 48331-3535
Or you can visit our Internet site at http://www.gale.com

Photo credits: Cover, pages 10, 11 © Ann Ronan Picture Library: 39; Bridgeman Art Library: 15, 16, 26, 59; by permission of the British Library: 32 (left); by permission of the Syndics of Cambride University Library: 42; Exley Publiscation: 34; Lincolnshire County Council: 11, 13 (bottom), 35; The Mansell Collection: 20, 55; Mary Evans Picture Library: 6, 14; Michael Holford Photographs: 38, 52-53, 54; Millbrook House Ltd. (P.B. Whitehouse): 49 (left); The Museum of London: 28-29; NASA: 31, 32 (right); National Trust Photographic Library/Tessa Musgrave: 45; Baul Brierly: 23, 44; PSA Photo Services: 56-57; Royal Society (photograph by Professor Roy Bishop, Acadia University, Nova Scotia, Canada): 13 (top); Scala: 40; Science Photo Library; 4; (NASA), 5 (Mikki Rain), 8 (right) (Alexander Tsiaras), 18 (David Parker), 37 (NOAO), 36 (Dr. John Lorre); ZEFA: 8 (bottom) 49 (top right). Cover: Art Resource

LIBRARY OF CONGRESS CATALOGING-IN-PUBLICATION DATA

Library of Congress Cataloging-in-Publication Data

White, Michael, 1959–
 [Isaac Newton. Spanish & English]
 Isaac Newton / by Michael White.
  p. cm. — (Giants of science bilingual)
 Text in Spanish and English.
 Includes bibliographical references and index.
 ISBN 1-4103-0502-3 (hard cover : alk. paper)
 1. Newton, Isaac, Sir, 1642–1727—Biography—Juvenile literature. 2. Physicists—Great Britain—Biography—Juvenile literature. I. Title. II. Series.

 QC16.N7W4418 2005
 530'.092—dc22

                                              2004026922

CONTENTS

CONTENIDO

Newton's discoveries about the law of gravity helped people travel to the Moon.

Los descubrimientos de Newton sobre la ley de gravedad ayudó a que fuéramos a la Luna.

The Problem of Gravity

In the summer of 1666, a young man walked into the orchard of his mother's house in England. He sat down under a tree to study.

A moment later, an apple fell and landed on the young man's head. The young man's name was Isaac Newton. He was twenty-three years old. No doubt the hit on the head hurt him for a moment. But it also started him thinking about how things moved. Why had the apple fallen in the first place, he wondered.

Newton had a lot of questions about the universe and how it worked. He thought about how things moved. He thought about the Moon and its movement around Earth. He thought about the planets and their movement around the Sun. What was it, he wondered, that made objects move? And why was it that objects moved in certain ways?

After the apple fell on Newton's head, he began to explore these questions and learn the answers. The answers, he found out, could be explained by gravity. Gravity is a force that attracts objects to one

El problema de la gravedad

En el verano de 1666, un joven entró al huerto de la casa de su madre en Inglaterra. Allí, se sentó bajo un árbol a estudiar.

Un momento después, una manzana cayó en la cabeza del joven. El joven se llamaba Isaac Newton y tenía veintitrés años. No hay duda de que el golpe en la cabeza le dolió por un rato. Pero también hizo que empezara a pensar sobre cómo se movían las cosas. Por qué había caído la manzana, se preguntó.

Newton se hacía muchas preguntas sobre el universo y sobre cómo funcionaba. Pensaba mucho sobre cómo se movían las cosas. Pensaba sobre la Luna y sus movimientos alrededor de la Tierra. Pensaba sobre los planetas y sus movimientos alrededor del Sol. Se preguntaba qué era lo que hacía que los objetos se movieran. Y por qué esos objetos siempre se movían de ciertas formas.

Luego de que la manzana le cayó en la cabeza, Newton comenzó a explorar estas preguntas y a encontrar respuestas. Las respuestas, descubrió, podían ser explicadas por la gravedad. La gravedad es la fuerza

This is an artist's picture of the moment an apple fell on Newton's head.

Este dibujo muestra el momento en que la manzana cae en la cabeza de Newton.

In Isaac Newton's time, people knew little about science. Many things people could not explain were thought to be the work of witches and spirits. In this picture, a woman is arrested because she is believed to be a witch.

En la época de Newton, la gente sabía muy poco de la ciencia. Se pensaba que muchas cosas que la gente no podía explicar eran obras de brujas o de espíritus. Este dibujo muestra a una mujer siendo arrestada porque creían que es una bruja.

another. Gravity is what pulls objects toward Earth.

An Amazing Year

For Isaac Newton, 1666 had been an amazing year. It was the year the Great Fire of London spread through the city and a horrible disease called the Great Plague killed many people in England. Newton was a student at Cambridge University at this time. There, many people had died from the plague. Newton had stayed with his mother in the countryside for more than a year because the

que atrae a los objetos entre sí. La gravedad es lo que atrae a los objetos hacia la Tierra.

Un año asombroso

Para Isaac Newton, el año 1666 había sido un año asombroso. Fue el año en que el Gran Incendio de Londres propagó por toda la ciudad y un enfermedad horrible llamada la Gran Plaga mató a mucha gente en Inglaterra. En esa época, Newton estudiaba en la Universidad de Cambridge. Allí, mucha gente había muerto de la plaga. Newton había permanecido con su madre en el campo durante más de un año porque la plaga era un terrible problema en

plague was so much of a problem at Cambridge. In the countryside, Newton had a lot of time to think about the universe and how it worked.

During the past year, Newton had made important discoveries in science and mathematics. He developed a new kind of mathematics called calculus. Calculus was to be the greatest development in the history of mathematics. Calculus has helped scientists solve complicated problems they could never solve before.

Isaac Newton was an expert at mathematics. By his early twenties, he had studied the work of every famous mathematician in the world. Then, after he had read all he could, he developed his own ideas. He developed mathematical formulas that helped him do scientific work later in life.

Newton's World

In the seventeenth century, there was a lot to learn about the way the world worked. No one had explained how things move or how light behaves. No one under-

Cambridge. En el campo, Newton tuvo mucho tiempo para pensar sobre el universo y sobre cómo funcionaba.

Durante el año anterior, Newton había hecho importantes descubrimientos en las ciencias y las matemáticas. Había desarrollado un nuevo tipo de matemáticas llamado cálculo. El cálculo fue el avance más grande en la historia de las matemáticas. Ha ayudado a los científicos a resolver complicados problemas que no habían podido resolver antes.

Isaac Newton era un experto en matemáticas. Cuando tenía poco más de veinte años, había estudiado los trabajos de todos los matemáticos del mundo. Luego, después de leer todo lo que pudo, desarrolló sus propias ideas. Elaboró fórmulas matemáticas que lo ayudaron en su trabajo científico más adelante en su vida.

El mundo de Newton

En el siglo diecisiete, había mucho que aprender sobre cómo funcionaba el mundo. Nadie había explicado cómo se movían los objetos o cómo se funcionaba la luz.

> 66 In my opinion, the greatest creative [minds] are Galileo and Newton. . . . These two were the first to [discover] laws and [give] a general theory of motions. [These laws and motions explain] the events of our world. 99
>
> —Albert Einstein

> 66 En mi opinión, las [mentes] más creativas son Galileo y Newton. . . . Estos dos fueron los primeros en [descubrir] leyes y [dar] una teoría general de los movimientos. [Estas leyes y movimientos explican] los fenómenos de nuestro mundo. 99
>
> —Albert Einstein

Right: Isaac Newton made important discoveries in the study of light. Newton's discoveries helped scientists make lasers. Here, a doctor is using a laser during an eye operation.

Below: Pool players need to understand forces and angles in order to get the balls into pockets. Newton's laws of motion can help people become excellent pool players.

Arriba: Isaac Newton hizo importantes descubrimientos en el estudio de la luz. Sus descubrimientos ayudaron a los científicos a hacer lásers. Arriba, un médico usa un láser durante una operación de ojos.

Izquierda: Los jugadores de billar necesitan entender fuerzas y ángulos para meter las bolas en los agujeros. Las leyes del movimiento de Newton puedan ayudar a gente ser exelente jugadores de billar.

stood how the Moon and the planets stayed in their orbits. And no one knew why falling apples always fell to the ground. But by the end of Newton's life, he would have the answers to all of these things. His answers were so important to science that they changed the way people looked at the world.

The work Newton did formed the basis of mathematics for the next 300 years. It formed the basis of physics too. Physics is the science of matter and energy and how they are related. In the next 300 years, Newton's discoveries helped people land on the Moon and send machines to faraway planets. Some kinds of math and physics are now called "Newtonian." This shows how important Newton's discoveries really were.

Newton's Science

Newton's laws of motion explain how forces act on objects. These laws explain how forces act on moving objects and on objects that remain still. Newton's laws of motion are used today in all areas of science. They are used to design cars, to send rockets to space, to build aircraft and engines, and even to make skateboards. Newton's laws of gravity explain how the planets travel in orbits and why we remain on Earth instead of floating out into space.

Newton's discoveries have helped science advance. His ideas helped scientists make better telescopes and microscopes,

Nadie entendía cómo la Luna y los planetas permanecían en sus órbitas. Y nadie sabía por qué caían al suelo las manzanas. Pero, hacia el fin de su vida, Newton había contestado todas esas preguntas. Sus respuestas fueron tan importantes para la ciencia que cambiaron la forma en que la gente veía el mundo.

El trabajo de Newton formó las bases de las matemáticas para los siguientes 300 años También fue la base de la física. La física es la ciencia de la materia y la energía y de cómo están relacionadas. Durante los siguientes 300 años, los descubrimientos de Newton ayudaron a que la gente llegara a la Luna y enviara máquinas a planetas lejanos. A algunos tipos de matemáticas y de física ahora se las llama "newtonianas". Esto muestra la importancia de los descubrimientos de Newton.

La ciencia de Newton

Las leyes del movimiento de Newton explican cómo las fuerzas actúan sobre los objetos. Estas leyes explican cómo actúan las fuerzas sobre los objetos en movimiento y sobre los objetos en reposo. Las leyes del movimiento de Newton se aplican hoy día en todas las ciencias. Se usan para diseñar automóviles, para lanzar cohetes al espacio, para fabricar aviones y motores, y hasta para fabricar patinetas. Las leyes de la gravedad de Newton explican cómo los planetas se mueven en órbitas y por qué nosotros permanecemos sobre la Tierra en vez de flotar en el espacio.

Los descubrimientos de Newton han ayudado al avance de la ciencia. Sus ideas ayudaron a los científicos a diseñar mejores telescopios y microscopios,

eyeglasses, and cameras. His discoveries have led to many inventions, such as televisions, steamships, and steam engines.

Childhood in Lincolnshire

The story of how Isaac Newton came to make these discoveries began in Lincolnshire, England. Isaac Newton was born in Woolsthorpe, Lincolnshire, on December 25, 1642. Isaac's father had died three months before his son's birth. Isaac's mother, Hannah, raised her son on her own.

During this time, England had problems. King Charles I ruled the country, but many people did not believe that he should. A civil war broke out in England. The king lost control in most of Lincolnshire. Isaac's family supported the king, but they had to keep their support a secret.

Isaac's Stepfather

When Isaac was three his mother, Hannah, remarried. Isaac's stepfather was a preacher named Barnabas Smith. Smith ordered Hannah to leave Isaac with his grandmother while Hannah

anteojos y cámaras. Sus descubrimientos han llevado a muchas invenciones, como los televisores, y los barcos y motores a vapor.

Niñez en Lincolnshire

La historia de cómo Isaac Newton llegó a hacer estos descubrimientos comenzó en Lincolnshire, Inglaterra. Isaac Newton nació en Woolsthorpe, Lincolnshire, el 25 de diciembre de 1642. Su padre había muerto tres meses antes y su madre, Hannah, lo crió sola.

En esa época, había problemas en Inglaterra. El rey Carlos I gobernaba el país, pero mucha gente pensaba que no debía hacerlo. Empezó una guerra civil en Inglaterra. El rey perdió control de gran parte de Lincolnshire. La familia de Newton apoyaba al rey, pero debían mantener secreto ese apoyo.

El padrastro de Isaac

Cuando Isaac tenía tres años, su madre, Hannah, se volvió a casar. El padrastro de Isaac era un predicador llamado Barnabas Smith. Él ordenó a Hannah que dejara a Isaac con su abuela, y que fuera a

moved to South Witham with her new husband and family.

Isaac lived in Woolsthorpe with his grandmother, but he felt very sad. Isaac never got along with his grandmother. His friends said that he rarely spoke about her. Isaac's mother's marriage had upset him terribly. He was sad for much of his teenage years, and he suffered badly from sadness later in life.

An Interest in Machines

Isaac was a lonely child. He had few friends and spent much time alone. Often, he would lock himself in a room at his grandmother's house. He would spend the day making models, kites, sundials, and other objects.

Before long, Isaac became known for his creative skills. He amazed everyone with his models of carts and of other machines with wheels. When he was thirteen years old, he built a model of a windmill. The model worked perfectly. Isaac placed a mouse on a wheel inside his windmill. As the mouse ran, the wheel turned and spun the windmill.

vivir con él y su familia en South Witham.

Isaac vivió en Woolsthorpe con su abuela, pero se sentía muy triste. Nunca se llevó bien con su abuela. Sus amigos dijeron que Isaac raras veces habló de ella. El casamiento de su madre lo había afectado terriblemente. Estuvo muy triste durante sus años de adolescente, y esta tristeza lo hizo sufrir mucho más tarde en su vida.

Un interés en las máquinas

Isaac fue un niño solitario. Tenía pocos amigos y pasaba mucho tiempo solo. Con frecuencia, se encerraba en un cuarto en la casa de su abuela. Pasaba el día haciendo modelos, cometas, relojes de sol y otros objetos.

En poco tiempo, Isaac se hizo conocido por sus habilidades creativas. Maravillaba a todos con sus modelos de carretas y de otras máquinas con ruedas. Cuando tenía trece años, hizo un modelo de un molino de viento, que funcionaba perfectamente. Isaac colocó un ratón dentro del molino. Cuando el ratón corría, la rueda giraba y el molino daba vueltas.

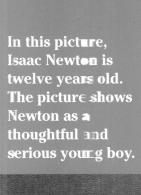

In this picture, Isaac Newton is twelve years old. The picture shows Newton as a thoughtful and serious young boy.

Éste es un retrato de Isaac Newton a los doce años. Muestra a Newton como un niño pensativo y serio.

School Days

When Isaac was ten, his stepfather died. Then, his mother returned to the house at Woolsthorpe where Isaac was living with his grandmother. Two years later, Isaac went away to school. The school was a few miles away in Grantham, so Isaac lived with family friends. He also spent time with an uncle who lived in town.

For quite a while, Isaac had a hard time in Grantham. He was not a very good student. He ignored his schoolwork and made models instead. Isaac also had trouble making friends, so he spent much of his time making models and doing experiments. He had talent in science, and the boys at school were jealous of this. He was also small and weak, so he could not take part in many of the games the other boys played.

One day, Isaac got into a fight with a school bully. Isaac won the fight by being clever. The other boys made friends with him after that. Soon, Isaac became happier in school and began to work harder at school-

Los días en la escuela

Cuando Isaac tenía diez años, murió su padrastro. Después, su madre volvió a la casa de Woolsthorpe donde vivía Isaac con su abuela. Dos años más tarde, Isaac partió para la escuela. Ésta estaba a unas millas, en Grantham, por lo que Isaac vivió con amigos de la familia. También veía a su tío que vivía en Grantham.

Por bastante tiempo, Isaac tuvo problemas en Grantham. No era buen estudiante. No hacía las tareas, en cambio construía modelos. También le era difícil hacer amigos, por lo que pasaba mucho tiempo haciendo modelos y experimentos. Tenía talento para las ciencias, y los chicos de la escuela le tenían celos por esto. También era pequeño y débil, por lo que no podía tomar parte en muchos de los juegos que jugaban los otros chicos.

Un día, Isaac tuvo una pelea con un matoncito de la escuela. Ganó la pelea usando su inteligencia. Los otros chicos se hicieron amigos de él después de esto. Pronto, Isaac estuvo más contento en la escuela y comenzó a trabajar duro en sus tareas. En

Top: This is the house in Woolsthorpe where Isaac Newton was born.

Bottom: Isaac carved his name on a window ledge at Grantham School. People can still see this carving on the window ledge today

Arriba: Ésta es la casa de Woolsthorpe donde nació Isaac Newton.

Abajo: Isaac talló su nombre en un alféizar en la escuela de Grantham. Todavía hoy se puede ver su nombre.

This illustration shows what a classroom looked like in a seventeenth-century school.

Este dibujo muestra cómo era un salón de clases en una escuela del siglo diecisiete.

work. Before long, he was admired and liked by his teachers and classmates.

Farmer or Student?

Isaac was now happy in school, but Hannah took her son out of school to work on the family farm. He might have stayed on the farm, but it seemed that he was meant to do other things. Isaac was smart, but he was also forgetful. Often, he would forget to do his chores. His mother decided that Isaac would not make a good farmer. His uncle and Henry Stokes, his teacher at Grantham, agreed. They knew how smart Isaac was, and they encouraged him to continue his studies.

Isaac's teacher had seen how Isaac solved problems. The teacher knew that Isaac was the smartest boy he had ever taught. The teacher and Isaac's uncle explained to Hannah that her son should go to college. Isaac began school at Cambridge University.

poco tiempo, fue querido y admirado por sus maestros y compañeros.

¿Granjero o estudiante?

Isaac estaba contento, pero Hannah lo sacó de la escuela para que trabajara en la granja de la familia. Isaac podría haberse quedado en la granja, pero parecía que estaba destinado a hacer otras cosas. Isaac era inteligente, pero también distraído. Con frecuencia, se olvidaba de hacer sus quehaceres. Su madre decidió que Isaac no sería un buen granjero. Su tío y Henry Stokes, su maestro en Grantham, estuvieron de acuerdo. Ellos sabían que Isaac era muy inteligente, y lo animaron a continuar sus estudios.

El maestro de Isaac había visto cómo Isaac resolvía problemas. Sabía que Isaac era el chico más inteligente de todos a los que había enseñado. El maestro y el tío le explicaron a Hannah que su hijo debía asistir a la universidad. Isaac comenzó a estudiar en la Universidad de Cambridge.

Isaac's mother was not poor, but she could not afford to pay for college. So Isaac earned money by cleaning rooms, serving meals, and doing other small jobs at the college. He did not complain about this because he was thrilled to be at Cambridge. There were many great thinkers there, and Cambridge was famous for being an excellent school. In three years, Isaac would finish his schooling and be a true scientist.

Early Days at Cambridge

Newton arrived at Cambridge on June 4, 1661. Cambridge was not a large city. In fact, to anyone from a large city, like London, Cambridge seemed like a small town. But Newton had come from the quiet countryside. To him, Cambridge seemed much bigger than Lincolnshire. And the college buildings along the river seemed quite grand indeed.

Newton was excited about beginning school at Cambridge. He bought a lock for his desk, a bottle of ink, a notebook, and a pound of candles. He used the

La madre de Isaac no era pobre, pero no podía pagarle la universidad. Por eso, Isaac limpiaba cuartos, servía comidas y hacía otros pequeños trabajos para ganar dinero. No se quejaba por esto, porque estaba muy contento de estar en Cambridge. Había muchos grandes pensadores en Cambridge, y la universidad tenía fama por la excelente educación que brindaba. En tres años, Isaac terminaría sus estudios y sería un verdadero científico.

Los primeros días en Cambridge

Newton llegó a Cambridge el 4 de junio de 1661. Cambridge no era una ciudad grande. En realidad, a cualquiera que viniera de una ciudad grande, como Londres, Cambridge le hubiera parecido un pequeño pueblo. Pero Newton había venido del campo y Cambridge le parecía mucho más grande que Lincolnshire. Y los edificios de la universidad a lo largo del río le parecían verdaderamente maravillosos.

Newton estaba entusiasmado con empezar a estudiar en Cambridge. Compró un candado para

Newton spent much time reading and studying in this library at Trinity College.

Newton pasó mucho tiempo leyendo y estudiando en esta biblioteca de Trinity College.

Newton and his friend John Wickins sometimes went to a tavern like this one to have a drink of ale and play cards.

Newton y su amigo John Wickins a veces iban a tabernas como ésta para tomar cerveza y jugar a las cartas.

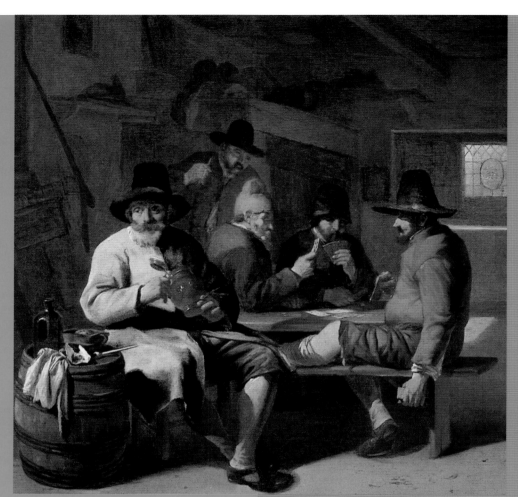

66 [Though] Sir Isaac was of a very serious . . . mind, . . . I have seen him laugh. . . . He used a good many sayings [some of them almost jokes] . . . He was easily made to smile, if not to laugh . . . . He could be very agreeable in company, and even sometimes talkative. 99

—W. Stukeley, who wrote a book about Newton

66 [Si bien] Sir Isaac era muy serio . . . lo he visto reír. . . . Usaba muchos dichos, [algunos casi bromas] . . . Era fácil hacerlo sonreír, hasta reír . . . Podía ser muy agradable con la gente, y a veces hasta hablador. 99

—W. Stukeley, quien escribió un libro sobre Newton

candles to light his room when he worked in the evenings.

Newton was excited about school, but he was disappointed when he had trouble making friends again. He soon made a friend, however—a fellow student named John Wickins. Newton and Wickins shared a room at Trinity College at Cambridge. Sometimes they would go to a tavern for a glass of ale and a game of cards. After a few months, Newton began to relax and enjoy student life.

New Ideas

Newton was at Cambridge when he began to develop his ideas on force and movement. He also started to develop ideas about the nature of light. Later, he used his ideas about light to explain how a prism (a piece of glass that is cut in a special way) can split light into a rainbow of colors.

During his time at Cambridge, Newton also started thinking about gravity. He knew that he would have to learn everything he could about mathematics in order to understand gravity. As it turned out, he would have to invent his own kind of mathematics.

The Rainbow

One Sunday in 1664, Newton went to a fair in Cambridge. At the fair, he saw an object sparkling in the afternoon sun. That object was a prism. Isaac thought the prism was beautiful, and he was fascinated with its

su escritorio, una botella de tinta, un cuaderno y una libra de velas. Usaba las velas para iluminar su cuarto, cuando trabajaba de noche.

Newton estaba entusiasmado con la escuela, pero se desilusionó cuando nuevamente tuvo problemas en hacer amigos. Sin embargo, pronto se hizo amigo de otro estudiante, llamado John Wickins. Newton y Wickins compartían un cuarto en Trinity College, en Cambridge. A veces iban a una taberna a tomar cerveza y jugar a las cartas. En unos meses, Newton comenzó a calmarse y a disfrutar de la vida de estudiante.

Nuevas ideas

Newton estaba en Cambridge cuando comenzó a desarrollar sus ideas sobre fuerza y movimiento. También empezó a desarrollar ideas sobre la naturaleza de la luz. Más tarde, usó estas ideas sobre la luz para explicar cómo un prisma (un pedazo de cristal que está cortado de una manera especial) podía separar la luz en un arco iris de colores.

Durante el tiempo en que estuvo en Cambridge, Newton comenzó a pensar sobre la gravedad. Sabía que tendría que aprender todo lo que pudiera de matemáticas para poder entender la gravedad. Lo que ocurrió fue que tuvo que inventar su propia matemática.

El arco iris

Un domingo, en 1664, Newton fue a una feria en Cambridge. En la feria, vio a un objeto brillar en el sol de la tarde. Ese objeto era un prisma. Isaac pensó que el prisma era hermoso, y quedó fascinado con su superficie lisa. Pensó que podía usar el prisma

smooth surface. Newton thought he could use the prism in his experiments. He bought the prism and began to experiment with it that afternoon.

In the room where Newton worked, he pulled the curtains across all but one window. He cut a tiny slit in a piece of cardboard and placed it over the window. Then, he stood back and watched the narrow beam of sunlight come through the slit and enter the dark room.

Next, Newton held the prism up to the light. The beam of sunlight entered one side of the

en sus experimentos. Compró el prisma y comenzó a experimentar con él esa tarde.

En el cuarto donde trabajaba, Newton cerró las cortinas de todas las ventanas menos una Recortó una pequeña abertura en un pedazo de cartón y lo colocó sobre la ventana. Luego, se apartó y observó a un delgado rayo de luz entrar por la abertura y penetrar en el cuarto oscuro.

Después, Newton puso el prisma en la luz. El rayo de luz entró por un lado del prisma. Después, Newton vio diferentes bandas de luz

In his first experiment with light, Newton discovered that white light splits into a rainbow when it is shone through a prism. He called the rainbow a spectrum. The color violet is always at the top of the spectrum and the color red at the bottom.

En su primer experimento con la luz, Newton descubrió que la luz blanca se separa en un arco iris cuando se la hace pasar a través de un prisma. Newton llamó espectro a este arco iris. El color violeta está siempre en la parte de arriba del prisma y el rojo en la parte de abajo.

prism. Then, Newton saw different bands of light come out of the other side of the prism. The light came out in a rainbow of colors and appeared on the wall. The light at the top of the rainbow was violet. Below the violet was indigo, then blue, then green, then yellow, then orange, and then red.

Newton was fascinated with what had happened. People had seen this rainbow before, but no one had learned what caused it. Many people believed that the rainbow was already inside the prism and that the sunlight released the rainbow. Some scientists knew that the glass was changing the light that entered the prism. But no one knew why.

More Experiments

Newton called the rainbow of colors a spectrum. Then, he began to experiment with what he had seen. First, he found a way to use the piece of cardboard with a slit in it to block off all the bands of color coming out of the prism except the red band. Then he looked at the single red band on the wall. What would happen, Isaac wondered, if he passed this red beam through another prism? Would the second

salir del otro lado del prisma. La luz salió como un arco iris de co-lores y apareció en la pared. La luz en la parte de arriba del arco iris era violeta. Debajo del violeta era índigo, después azul, luego verde, luego amarillo, después anaranjado y luego rojo.

Newton estaba fascinado con lo que había sucedido. La gente ya había visto antes este arco iris, pero nadie sabía qué lo causaba. Mucha gente creía que el arco iris ya estaba dentro del prisma y que la luz del sol lo hacía salir. Algunos científicos sabían que el cristal cambiaba la luz que entraba al prisma. Pero nadie sabía por qué.

Más experimentos

Newton llamó espectro al arco iris. Después, comenzó a experimentar con lo que había visto. Primero, halló una manera de usar el pedazo de cartón con la abertura para bloquear todas las otras bandas de color que salían del prisma, excepto la banda roja. Luego, observó la banda roja en la pared. Isaac se preguntó, ¿qué pasaría si yo hiciera pasar este rayo rojo a

> 66 I never knew him to take any . . . pastime [such as] walking, bowling, or any other exercise whatever. [He was always] thinking all hours lost that was not spent on his studies. 99
>
> —Dr. Humphrey Newton Isaac Newton's assistant

> 66 Nunca lo vi en ningún . . . entretenimiento [como ser] dar caminatas, jugar a los bolos, o hacer cualquier tipo de ejercicio. [Él siempre] pensó que las horas que no pasaba estudiando era tiempo perdido. 99
>
> —Dr. Humphrey Newton, asistente de Isaac Newton

Newton was fascinated with his prism. He did many experiments with prisms in his room at Trinity College.

Newton estaba fascinado con su prisma. Hizo muchos experimentos con prismas en su cuarto de Trinity College.

prism split the red beam into another rainbow of colors?

Newton bought another prism. He placed it in the path of the red beam of light. Only the same red beam came out of the second prism. The beam was a little bent from the path it had taken through the glass, but that was all.

Passing the red beam through the second prism had not split the red light into another rainbow. Newton's experiment had proved something. Only sunlight contained all the colors of the spectrum. Once the colors were split, it was impossible to divide light further.

The First Real Scientist

No one before had discovered this fact about light. Before Newton's experiment, prisms were used only as toys. No one had thought to use them in experiments.

Newton decided to do more experiments. He measured the width of each band of color. He changed the distance of the prism from the wall. Then, he wrote about what he had found. He put his findings into a mathematical language.

Newton always put his findings in a mathematical language. This made him different from other scientists of this time. Newton made observations and did experiments, and then put his findings in figures. This is how he developed his theories.

Newton spent many months at Cambridge working with his prisms. He did more experi-

través de otro prisma? ¿Separaría al rayo rojo en otro arco iris de colores el segundo prisma?

Newton compró otro prisma. Lo colocó en el camino del rayo de luz roja. Sólo el mismo rayo rojo salió del segundo prisma. El rayo estaba un poco doblado por el camino que había tomado a través del cristal, pero eso era todo.

Pasar el rayo rojo a través del segundo prisma no había separado la luz roja en otro arco iris. El experimento de Newton había probado algo. Sólo la luz del sol contenía todos los colores del espectro. Una vez que los colores se separaban, era imposible dividir la luz aún más.

El primer científico verdadero

Nadie antes había descubierto esto sobre la luz. Antes del experimento de Newton, los prismas se usaban sólo como juguetes. Nadie había pensado en usarlos en experimentos.

Newton decidió hacer más experimentos. Midió el ancho de cada banda de color. Cambió la distancia del prisma a la pared. Después, escribió sobre sus hallazgos. Hizo esto usando un lenguaje matemático.

Newton siempre describió sus hallazgos en lenguaje matemático. Esto lo diferenció de otros científicos de la época. Newton realizó observaciones e hizo experimentos, y luego des-cribió sus hallazgos con números. Así fue cómo desarrolló sus teorías.

Newton pasó muchos meses trabajando con sus prismas en Cambridge. Hizo más experimentos. A veces, trabajaba sin descanso. Con

ments. At times, he worked with no breaks. Often, John Wickins found Newton sprawled out on his desk asleep on his papers. He often forgot his meals, and his cat grew fat eating the untouched food that was left on Newton's desk.

Newton worked hard and did many experiments. He learned that our eyes see objects because the light reflects, or bounces off, whatever we are looking at. As the light reflects, it reaches sensors in our eyes. These sensors read the information, and then send that information to our brains.

After doing experiments, Newton learned that light is made up of all the colors of the rainbow. When these colors are mixed, we see white light. When one part of the spectrum is missing, the light no longer appears white; it becomes tinted. This explains why we see different shades of color in the world.

Many scientists would have been happy to learn this much about light. Many scientists would have stopped experimenting with light at that point. But Newton always worked on a problem until he felt there was nothing more to learn from it. He had learned that light was made of different shades of the spectrum. But now he wanted to see if he could combine these shades to make white light again.

Newton set up his piece of cardboard in the window. He allowed some light to pass through the slit. The light passed through the prism just as it had done in the first experiment. The color spectrum again appeared on the wall.

frecuencia, John Wickins hallaba a Newton dormido sobre su escritorio, encima de sus papeles. Muchas veces se olvidaba de comer, y su gato engordó comiéndose la comida que Isaac había dejado sin tocar sobre el escritorio.

Newton trabajó duro e hizo muchos experimentos. Aprendió que nuestros ojos ven objetos porque la luz se refleja, o rebota, de lo que estamos mirando. Cuando la luz se refleja, llega a sensores en nuestros ojos. Estos sensores leen la información, y luego la envían a nuestros cerebros.

Después de hacer los experimentos, Newton aprendió que la luz está formada por todos los colores del arco iris. Cuando estos colores se mezclan, vemos luz blanca. Cuando falta una parte del espectro, la luz ya no aparece blanca; toma un color. Esto explica por qué vemos diferentes matices de color en el mundo.

Muchos científicos se hubieran contentado con aprender todo esto sobre la luz. Muchos hubieran dejado de experimentar con la luz en ese momento. Pero Newton siempre trabajaba en un problema hasta que sentía que no podía aprender nada más. Había aprendido que la luz estaba formada por diferentes matices del espectro. Pero, ahora quería saber si podría combinar estos matices para hacer de nuevo la luz blanca.

Newton colocó su pedazo de cartón sobre la ventana. Dejó que pasara un poco de luz por la abertura. La luz pasó por el prisma igual que lo había hecho en el primer experimento. El espectro de colores apareció nuevamente en la pared.

To prove that white light was made up of all the colors of the rainbow, Newton painted the colors of the rainbow on a piece of cardboard and glued the cardboard to a top. When he spun the top, it looked white.

Para probar que la luz blanca estaba formada por todos los colores del arco iris, Newton pintó los colores del arco iris sobre un pedazo de cartón y lo pegó a un trompo. Al hacer girar el trompo, lo que vio fue blanco.

In this experiment, Newton placed the second prism close to the first. This time, he did not block off all but the red band. He let all the light from the first prism pass into the second prism. A single beam of white light came out of the second prism. Newton had made, and then unmade, a rainbow.

The Spinning Circle

Newton performed one more experiment, just to make sure his amazing findings would be believed. He knew that the spectrum was not made up of equal amounts of each shade. A rainbow always has more

En este experimento, Newton colocó el segundo prisma cerca del primero. Esta vez, no bloqueó todos los colores menos el rojo. Dejó que toda la luz del primer prisma pasara al segundo prisma. Un solo rayo de luz blanca salió del segundo prisma. Newton había hecho, y luego había deshecho, un arco iris.

El círculo giratorio

Newton hizo un experimento más, para asegurarse de que la gente creyera sus extraordinarios hallazgos. Él sabía que el espectro no estaba formado por cantidades iguales de cada matiz de color. Un arco iris siempre tiene más azul que rojo. Por eso,

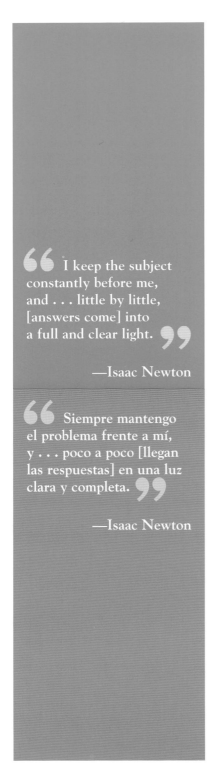

> **"** I keep the subject constantly before me, and . . . little by little, [answers come] into a full and clear light. **"**
>
> —Isaac Newton

> **"** Siempre mantengo el problema frente a mí, y . . . poco a poco [llegan las respuestas] en una luz clara y completa. **"**
>
> —Isaac Newton

blue than red. So, he copied the way nature mixes the colors of a rainbow.

He made a small circle of cardboard about four inches (10 centimeters) across. He divided it into seven different-sized sections. Then, he painted each section one of the rainbow's colors. Next, he glued the cardboard circle on a spinning top. He spun it around.

Newton stood back and stared at the spinning top. It looked white. Because the top was spinning so quickly, the colors appeared to join and looked white.

A Clearer View

Newton did not publish his findings right away. Most of his discoveries about light were not read until many years later. But other scientists used Newton's findings. His work led to many new inventions.

Newton's work helped scientists improve eyeglasses. In the seventeenth century, the lenses of eyeglasses made things look fuzzy. Newton's work also helped scientists improve microscopes. Microscopes had been invented

Newton imitó la manera en que la naturaleza mezcla los colores en un arco iris.

Newton hizo un pequeño círculo de cartón de unas 4 pulgadas (10 centímetros) de ancho. Lo dividió en siete secciones de diferente tamaño. Luego, pintó cada sección con uno de los colores del arco iris. Después, pegó el círculo de cartón a un trompo. Hizo girar al trompo.

Newton se apartó y observó al trompo girar. Parecía blanco. Como el trompo daba vueltas tan rápido, los colores parecían juntarse y se veían como blanco.

Una visión más clara

Newton no publicó sus hallazgos inmediatamente. La mayoría de sus descubrimientos sobre la luz no fueron conocidos sino hasta muchos años después. Pero otros científicos usaron los hallazgos de Newton. Su trabajo llevó a muchas invenciones.

El trabajo de Newton ayudó a los científicos a mejorar los anteojos. En el siglo diecisiete, las lentes de los anteojos hacían que las cosas se vieran borrosas. El trabajo de Newton también ayudó a los cien-

more than fifty years before Newton was born, but they also used lenses that made things look fuzzy. By the eighteenth century, clearer lenses and better microscopes led to new discoveries in science and medicine.

Newton's work with light moved science forward. It even led to a whole new science, called spectroscopy. Spectroscopy is the study of the light that comes out when a material burns.

When different materials burn, they produce light in different colors. Different shades of red, purple, and blue jump from the flames. When scientists allow the light from the flames to pass through a prism, this splits the light. By splitting the light, scientists can learn what the material that burned is made of.

Flight from the Great Plague

Newton made all his great discoveries with light while he was at Cambridge. One time, though, he had to leave Cambridge for a while. At this time, the Great Plague was spreading through

tíficos a mejorar los microscopios. Estos habían sido inventados más de cincuenta años antes del nacimiento de Newton, pero también usaban lentes que hacían que las cosas se vieran borrosas. Ya para el siglo dieciocho, lentes más claras y mejores microscopios llevaron a nuevos descubrimientos en las ciencias y la medicina.

El trabajo de Newton con la luz adelantó la ciencia. Hasta llevó a la creación de una nueva ciencia, la espectroscopia. La espectroscopia es el estudio de la luz que ocurre cuando se quema un material.

Cuando se queman diferentes materiales, estos producen luz en diferentes colores. Las llamas se ven con diferentes matices de rojo, morado y azul. Cuando los científicos permiten que la luz de las llamas pase por un prisma, esto separa la luz. Al separar la luz, los científicos aprenden cuál es el material que se quema.

Huída de la Gran Plaga

Newton hizo todos sus grandes descubrimientos sobre la luz cuando estaba en Cambridge. Una vez, sin embargo, tuvo que irse de Cambridge por un tiempo. En esa época, la Gran Plaga se estaba propagando

> " He would forget to sleep and Wickins would find him the next morning, [happy with some discovery he had made] and [not concerned at all] with the night's sleep he lost. "
>
> —Richard Westfall, who wrote a book about Newton called *Never at Rest*

> " Él se olvidaba de dormir y Wickins lo encontraba a la mañana siguiente, [contento con algún descubrimiento que había hecho] y [para nada preocupado] por la noche de sueño que había perdido. "
>
> —Richard Westfall, quien escribió un libro sobre Newton titulado *Nunca un descanso*

Rene Descartes was probably the greatest French scientist and thinker of the seventeenth century. Descartes and others used the New Science that led to Isaac Newton's important work.

Rene Descartes fue probablemente el científico y pensador francés más grande del siglo diecisiete. Descartes y otros usaron la Nueva Ciencia que llevó al importante trabajo de Isaac Newton.

England. The Great Plague was a terrible disease. People who caught the plague had high fevers, and most of them died.

People were dying from the plague all over the country. By June 1665, the disease had hit Cambridge. Fear of the plague caused Cambridge to close its doors. At that time, Newton moved back to Lincolnshire and continued his studies.

Back Home

Newton had worked hard at Trinity College at Cambridge. During his last year there, he had spent a lot of time studying math. Newton had read about work done by great mathematicians. He read books by Rene Descartes and Henry More, two thinkers who were part of the New Science. The thinkers of the New Science were trying to improve science and mathematics. They were spreading their new science all over Europe.

Newton read all he could find by the thinkers of the New Science. Then, he developed his own mathematics. He explored

por Inglaterra. La Gran Plaga era una terrible enfermedad. La gente que se enfermaba tenía fiebre alta, y la mayoría moría.

La gente estaba muriendo de la plaga en todo el país. Para junio de 1665, la enfermedad había llegado a Cambridge. El miedo a la plaga hizo que Cambridge cerrara sus puertas. En ese momento, Newton volvió a Lincolnshire y continuó sus estudios.

De vuelta en casa

Newton había trabajado mucho en Trinity College, en Cambridge. Durante su último año allí, había pasado mucho tiempo estudiando matemáticas. Newton había leído el trabajo de otros grandes matemáticos. Había leído libros de Rene Descartes y de Henry More, dos pensadores que eran parte de la Nueva Ciencia. Los pensadores de la Nueva Ciencia estaban tratando de mejorar las ciencias y las matemáticas. Estaban difundiendo su nueva ciencia por toda Europa.

Newton leyó todo lo que pudo encontrar de los pensadores de la Nueva Ciencia. Después, elaboró su propia matemática. Newton exploró muchas ideas en la paz y

a lot of ideas in the peace and quiet of Lincolnshire. It was that summer in Lincolnshire when the apple hit him on the head. This gave Newton new ideas to explore. He began to work on his theory of gravity.

Gravity

At Cambridge, Newton had been thinking about the force of gravity. At this time in history, the idea of gravity seemed strange. No one before had thought that objects could affect each other if they were not connected. But how did the planets orbit the Sun, Newton wondered. How did the Moon orbit Earth? There were no strings holding Earth and the Moon together. Newton thought that some unseen force must be at work.

When the apple hit Newton on the head, he knew that it had been pulled to Earth by that unseen force. He also knew that this was the same force that kept the Moon and planets in their orbits. If this force pulled the apple to Earth, then this force pulled the planets to-

tranquilidad de Lincolnshire. Fue ese verano en Lincolnshire cuando la manzana le pegó en la cabeza. Esto dio a Newton nuevas ideas para explorar. Comenzó a trabajar en su teoría de la gravedad.

La gravedad

En Cambridge, Newton había estado pensando sobre la fuerza de la gravedad. En esa época, la idea de la gravedad parecía extraña. Nadie antes había pensado que los objetos podían afectarse entre sí si no estaban conectados. Pero, cómo orbitaban los planetas alrededor del Sol, se preguntaba Newton. ¿Cómo la Luna orbitaba alrededor de la Tierra? No había hilos que mantuvieran a la Tierra y a la Luna juntas. Newton pensó que debía ser el trabajo de alguna fuerza oculta.

Cuando la manzana le pegó en la cabeza, Newton supo que había sido atraída a la Tierra por esa fuerza oculta. También supo que ésta era la misma fuerza que mantenía a la Luna y a los planetas en sus órbitas. Si esta fuerza atraía a la manzana hacia la Tierra, entonces esta fuerza atraía a los

> 66 After dinner the weather being warm, we went into the garden and drank tea, under the shade of some apple trees, only he (Newton) and myself. . . . He told me he was just in the same situation [when the idea of gravity] came into his mind. 99
>
> —W. Stukeley, who wrote a book about Newton

> 66 Después de la cena, como el tiempo era cálido, fuimos al jardín y tomamos té bajo la sombra de unos manzanos, sólo él (Newton) y yo. . . . Él me dijo que estaba en la misma situación [cuando la idea de la gravedad] le vino a la mente. 99
>
> —W. Stukeley, quien escribió un libro sobre Newton

ward the Sun. But why did the planets not crash into the Sun, Newton wondered.

The Pail of Water

Newton thought long and hard about gravity. Then he remembered a game children played at school. A child would tie a rope to the handle of a pail of water. Then, the child would hold the rope and spin the pail. The object was to try to spin the pail without spilling a drop of water. Each child took a turn spinning the pail while the others stood in a circle. As each child spun the pail, it would whirl around the child's head. If the child spun the pail fast enough, the water would stay in the pail as it whirled around.

Thinking of this game helped Newton understand gravity. It was the speed at which the planets moved that kept them in their orbits. Planets moved around the Sun, just as the pail of water moved around the child's head. The pail was pulled by a rope but the water was not. Like the

The Great Fire of London began on September 2, 1666.

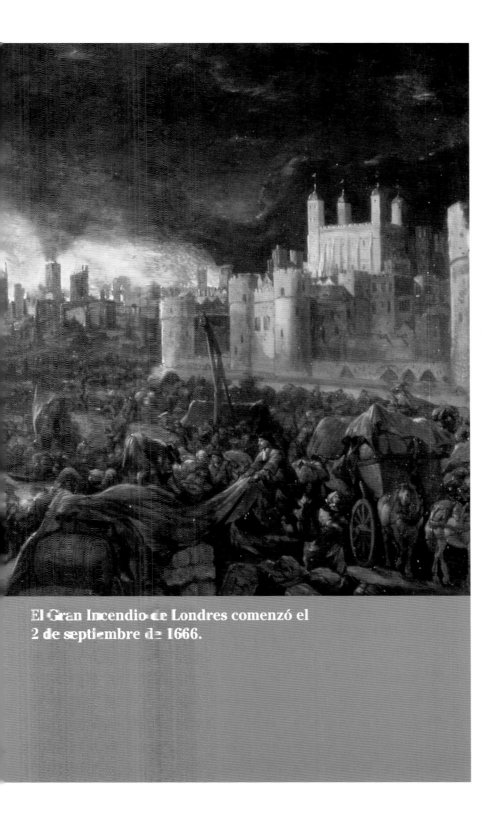

El Gran Incendio de Londres comenzó el 2 de septiembre de 1666.

planetas hacia el Sol. Pero, Newton se preguntaba por qué los planetas no chocaban contra el Sol.

El cubo de agua

Newton pensó mucho y por largo tiempo sobre la gravedad. Luego, recordó un juego que los niños jugaban en la escuela. Un niño ataba una cuerda al asa de un cubo de agua. Después, sostenía la cuerda y hacía girar al cubo. El objetivo era hacer girar al cubo sin derramar una gota de agua. Cada niño, por turno, hacía girar al cubo, mientras los otros formaban un círculo. A medida que cada niño hacía girar al cubo, éste daba vueltas alrededor de la cabeza del niño. Si el niño hacía girar al cubo suficientemente rápido, el agua permanecía en el cubo mientras éste daba vueltas.

Pensar en este juego, ayudó a Newton a entender la gravedad. Era la velocidad a la que se movían los planetas lo que los mantenía en sus órbitas. Los planetas se movían alrededor del Sol, así como el cubo de agua se movía alrededor de la cabeza del niño. El cubo era tirado por la cuerda, pero el agua no. Como la manzana

apple that had fallen to Earth, the water moved in a straight line. Only the pail moved around and around. Because the water moved in a straight line, it remained in the pail. The water was obeying what later became known as Newton's First Law of Gravity.

Back to Cambridge

In 1667, the plague was no longer considered a danger at Cambridge. Newton went back to Trinity College. Right away, he began to explore his idea of gravity. As always, Newton put his idea in a mathematical language. His numbers and figures proved that he was correct. There was an unseen force that held the planets in their orbits.

Newton wanted to know more about this unseen force. He wanted to explain the force of gravity that held objects together. He thought that the force must get weaker the farther away each object was from the other. That would mean that the planets farthest from the Sun must have a weaker pull of gravity than the planets closest to the Sun. But Newton wanted to know how the strength of gravity changed.

Newton used his new mathematics to write down some figures. He used his figures to explain how the strength of gravity changed. A planet that was twice as far away from the Sun as another planet felt only a quarter of the force of gravity. A planet that was three times as far away felt only one

que había caído a la Tierra, el agua se movía en una línea recta. Sólo el cubo se movía en círculos. Como el agua se movía en una línea recta, se mantenía dentro del cubo. El agua estaba obedeciendo lo que más tarde se conoció como la Primera Ley de la Gravedad de Newton.

De vuelta en Cambridge

En 1667, la plaga ya no era un peligro en Cambridge. Newton volvió a Trinity College. Inmediatamente, empezó a explorar su idea de la gravedad. Como siempre, Isaac expresó su idea en un lenguaje matemático. Sus números y cifras probaron que estaba acertado. Había una fuerza oculta que mantenía a los planetas en sus órbitas.

Newton quería saber más sobre esta fuerza oculta. Quería explicar la fuerza de la gravedad que mantenía juntos a los objetos. Él pensaba que la fuerza tenía que hacerse más débil cuanto más lejos estuviera un objeto del otro. Eso significaría que la fuerza de la gravedad sería menor en los planetas más lejos del Sol que en los que estaban más cerca. Pero Newton quería saber cómo cambiaba la fuerza de la gravedad.

Newton usó su nueva matemática para anotar algunas cifras. Usó sus cifras para explicar cómo cambiaba la fuerza de la gravedad. Un planeta que estaba al doble de distancia del Sol que otro planeta sólo sentía un cuarto de la fuerza de la gravedad. Un planeta que estaba a tres veces la distancia sólo sentía un noveno de

Astronaut Edward White floats above Earth. In orbit, objects and people float because there is almost no gravity in space.

El astronauta Edward White flota sobre la Tierra. En órbita, los objetos y la gente flotan porque casi no hay gravedad en el espacio.

Left: This eighteenth-century cartoon is a funny picture of Newton's theory of gravity.

Right: The Space Shuttle *Atlantis* lifts off into space. The mathematics Newton used for his theory of gravity help scientists today make the space shuttle work.

Izquierda: Éste es un dibujo cómico del siglo dieciocho sobre la teoría de la gravedad de Newton.

Derecha: El trasbordador espacial *Atlantis* despega hacia el espacio. Las matemáticas que Newton usó para su teoría de la gravedad ayudaron a los científicos a hacer que el trasbordador espacial funcionara.

ninth of the force. His figures showed how the force of gravity got weaker with distance. Newton had developed another law of gravity.

An Important Job

Newton's laws of gravity were big news. Scientists before him had imagined such an unseen force, but no one had learned to explain it.

Newton's new mathematics and discoveries with gravity and light made him highly respected. He was given a job at Trinity College, in which he could continue his important

la fuerza. Sus cifras mostraron cómo la fuerza de la gravedad se hacía más débil con la distancia. Isaac había desarrollado otra ley de la gravedad.

Un trabajo importante

Las leyes de la gravedad de Newton eran noticias importantes. Los científicos antes que él habían imaginado esa fuerza oculta, pero ninguno había podido explicarla.

Las nuevas matemáticas de Newton y sus descubrimientos sobre la luz y la gravedad lo hicieron muy respetado. Le dieron un puesto en Trinity

work. At the time he got this job, he was twenty-five years old.

Newton's job at Trinity College was very important. So was his friendship with a math teacher at Trinity named Isaac Barrow. Barrow knew of Newton's new mathematics, and he was quite impressed.

In 1668 a Danish mathematician named Nicolas Mercator published a book. In the book, Mercator wrote about the same mathematics Newton had developed years before. But Newton had never published his work. No one but Barrow knew that Newton had developed the mathematics before Mercator.

Newton's Plan

Newton had always been careful about letting others see his work. But he was also a proud man, and he could not let someone else take credit for what he had done. Now that Mercator had published his work on the new mathematics, Newton had to prove that he developed it first. He asked Barrow to publish what he had written about

College para que continuara su importante trabajo. Isaac tenía veinticinco años cuando le dieron este trabajo.

El trabajo de Newton en Trinity College era muy importante. También lo fue su amistad con Isaac Barrow, un profesor de matemáticas de Trinity. Barrow conocía las nuevas matemáticas de Newton, y estaba muy impresionado.

En 1668, un matemático danés llamado Nicolas Mercator publicó un libro. En el libro, Mercator hablaba de las mismas matemáticas que Newton había desarrollado años antes. Pero Newton nunca había publicado su trabajo. Nadie más que Barrow sabía que Newton había desarrollado ese tipo de matemáticas antes que Mercator.

El plan de Newton

Newton siempre había tenido cuidado de que otra gente no viera su trabajo. Pero también era un hombre orgulloso y no podía dejar que alguien fuera reconocido por lo que él, Newton, había hecho. Ahora que Mercator había publicado su trabajo sobre las nuevas matemáticas, Newton tenía que probar que él las había desarrollado primero. Le pidió a Barrow que publicara lo que él había

> 66 Newton was the first to see clearly that an explanation, if necessary or possible at all, comes at a later stage. He took the known facts, formed a theory which fitted them and could be expressed in mathematical terms. . . . [Then again he] compared them with the facts by observation and experiment. 99
>
> —W.C. Dampier

> 66 Newton fue el primero en ver claramente que una explicación, si era necesaria, o posible, viene en una etapa posterior. Él tomó los hechos conocidos, formuló una teoría que les correspondía y que podía ser expresada en términos matemáticos. . . . [Y luego, de nuevo él] los comparó con los hechos por medio de la observación y la experimentación. 99
>
> —W.C. Dampier

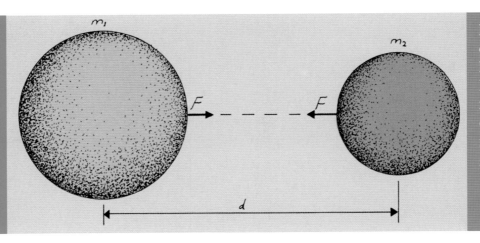

This figure explains Newton's law of gravity. Newton used mathematics to explain how gravity works.

Este diagrama explica la ley de la gravedad de Newton. Él usó las matemáticas para explicar cómo funciona la gravedad.

the mathematics years before. Barrow was to publish the work and give it to scientists he knew who were highly respected. But not until these scientists accepted the work as original did Newton want Barrow to mention his name.

Barrow published Newton's work. Scientists all over Europe read it. This author had explained the mathematics in much greater detail than Mercator. The scientists accepted the work as original. Newton's plan had worked. When Barrow announced Newton's name as the author, he finally got credit for his new mathematics.

Newton Teaches Mathematics

Shortly after Newton's work was published, Isaac Barrow left Trinity College. Isaac Newton moved into Barrow's important job. At twenty-six, Isaac Newton became the youngest person to teach mathematics at Cambridge.

Teaching at Cambridge was a big honor.

escrito sobre esas matemáticas años antes. Barrow publicaría el trabajo y lo daría a los científicos que conocía y que eran muy respetados. Pero Newton no quería que Barrow mencionara su nombre hasta que estos científicos hubieran aceptado el trabajo como trabajo original.

Barrow publicó el trabajo de Newton. Los científicos de toda Europa lo leyeron. Este autor había explicado las matemáticas con muchos más detalles que Mercator. Los científicos aceptaron el trabajo como el original. El plan de Newton había tenido éxito. Cuando Barrow anunció que Newton era el autor, por fin éste fue reconocido por sus nuevas matemáticas.

Newton enseña matemáticas

Poco después de que su trabajo fue publicado, Isaac Newton dejó Trinity College. Pasó a ocupar el importante puesto de Barrow. A los veintiséis años, Newton fue el profesor de matemáticas más joven de Cambridge.

Enseñar en Cambridge era un gran honor.

This is a painting of Newton as a young man. He looks thin and tired in the painting because he worked so hard.

Éste es un retrato de Newton de joven. Se lo ve delgado y cansado en el retrato porque trabajaba muy duro.

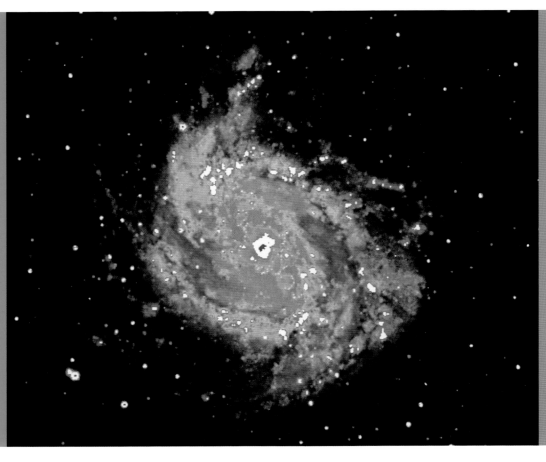

This page and facing page: These two pictures show galaxies far away from Earth. Reflecting telescopes like the one Newton built have allowed scientists to see farther into space than ever before.

Esta página y la siguiente: Estas dos fotos muestran galaxias muy lejos de la Tierra. Los telescopios reflectores, como los que construyó Newton, permitieron a los científicos ver más lejos que nunca en el espacio.

Newton could teach and still have the freedom to do his own studies. Newton loved his job, and he was an excellent scientist. But he was a poor speaker. Sometimes, Newton gave lectures in front of large groups of people. Over time, fewer and fewer people started coming to his lectures. One time, no one at all came. No one had wanted to listen to Newton speak.

Galileo's Telescope

Newton continued teaching at Cambridge. He continued to explore his ideas and invent new

Newton podía enseñar y todavía tenía tiempo para sus propios estudios. Newton amaba su trabajo, y era un científico excelente. Pero no era un buen orador. A veces, Newton daba conferencias frente a grandes grupos de personas. Con el tiempo, cada vez menos gente iba a sus conferencias. Una vez, no fue nadie. Nadie quería escuchar hablar a Newton.

El telescopio de Galileo

Newton continuó enseñando en Cambridge. Continuó explorando sus ideas e inventando

things. The first telescope had been invented in 1608. Then, in 1610, an Italian scientist named Galileo Galilei made a better telescope. Galileo's telescope used lenses. Newton would make a new kind of telescope that used mirrors instead.

Galileo knew that light moved in straight lines. He also knew that light bent when it hit the bulging glass of a lens. The bending of light is what magnifies objects. When light from an object hits a bulging glass lens, the object looks much bigger than it really is.

Galileo used two glass lenses for his telescope. He placed them at the ends of a tube. The lens farthest from the eye was called the object lens. It directed the light from a distant object into the tube. The lens near the eye was called the eye lens. This lens curved outward from the eye. When the light in the tube hit this bulging lens, it bent. The bending of light made the object look bigger.

Galileo's telescope worked very well. Scientists all over Europe used it to study the

nuevas cosas. El primer telescopio había sido inventado en 1608. Después, en 1610, un científico italiano, llamado Galileo Galilei, hizo un telescopio mejor. El telescopio de Galileo usaba lentes. Newton haría un nuevo tipo de telescopio que usaba espejos, en vez de lentes.

Galileo sabía que la luz se movía en línea recta. También sabía que la luz se doblaba cuando daba con el vidrio abultado de una lente. El doblamiento de la luz es lo que magnifica los objetos. Cuando la luz de un objeto da con una lente de vidrio abultada, el objeto se ve mucho más grande de lo que realmente es.

Galileo había usado dos lentes de vidrio en su telescopio. Las había colocado en los extremos de un tubo. La lente en el extremo más lejos del ojo fue llamada lente objetivo. Dirigía a la luz de un objeto lejano dentro del tubo. La lente más cerca del ojo de la persona fue llamada lente del ocular. Esta lente se curvaba del ojo hacia afuera. Cuando la luz ya en el tubo daba con esta lente abultada, se doblaba. La luz, al doblarse, hacía que el objeto se viera más grande.

El telescopio de Galileo funcionaba muy bien. Los científicos de toda

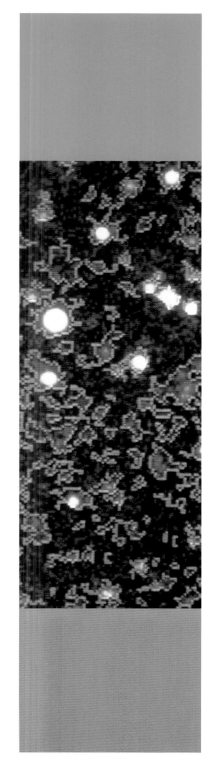

Newton built this telescope in the 1670s.

Newton construyó este telescopio en la década de 1670.

Moon, the stars, and the planets.

A New Type of Telescope

In the early 1670s, Newton built his new kind of telescope. He used a special mirror at one end of a thick tube. This mirror was curved, just as Galileo's eye lens was curved. But the mirror curved inward from the front, while the eye lens had curved outward. When light from a distant object hits the curved mirror of a telescope, the light bounces back, rather than bends. The mirror in Newton's telescope and the eye lens in Galileo's both made objects look bigger. But Newton's telescope had an eyepiece at the side of the tube that held the mirror. The mirror bounced the light into the eyepiece. This made the objects look even bigger. Newton's new kind of telescope was more powerful than Galileo's.

The Royal Society

Newton's new telescope was a

Europa los usaban para estudiar la Luna, las estrellas y los planetas.

Un nuevo tipo de telescopio

A principios de la década de 1670, Newton construyó uno nuevo tipo de telescopio. Usó un espejo especial en un extremo de un tubo grueso. Este espejo era curvo, como había sido la lente del ocular de Galileo. Pero el espejo se curvaba desde el frente hacia adentro, mientras que la lente del ocular se curvaba hacia afuera. Cuando la luz de un objeto lejano daba con el espejo curvo del telescopio, la luz rebotaba, en vez de doblarse. Tanto el espejo en el telescopio de Newton como la lente del ocular en el de Galileo hacían que los objetos parecieran más grandes. Pero el telescopio de Newton tenía un ocular en el costado del tubo que sostenía al espejo. El espejo hacía rebotar la luz hacia el ocular. Esto hacía que los objetos parecieran más grandes. El nuevo tipo de telescopio de Newton era mucho más poderoso que el de Galileo.

La Sociedad Real

El nuevo telescopio de Newton fue

This drawing shows a meeting of the Royal Society. Isaac Newton, as president of the society, sits in the middle of the picture.

Este dibujo muestra una reunión de la Sociedad Real. Isaac Newton, como presidente de la sociedad, aparece sentado en el medio del dibujo.

big success. He had built it himself, and he had even made his own tools. Other great scientists praised Newton's work. In 1672, he was invited to join a famous group of scientists called the Royal Society.

The Royal Society had very important members. Only the best scientists were invited to join. Robert Boyle and Christopher Wren were two well-known scientists in the Royal Society. Boyle was a great thinker and a famous chemist. Christopher Wren was the scientist who built St. Paul's Cathedral, a famous church in London. Newton jumped at the chance to join a society with such respected members.

Disagreements

Soon after he joined the Royal Society, New-

un gran éxito. Lo había construido él mismo, y hasta había construido sus propias herramientas. Otros grandes científicos elogiaron su trabajo. En 1672, Newton fue invitado a unirse a un famoso grupo de científicos, la Sociedad Real.

Los miembros de la Sociedad Real eran muy importantes. Sólo los mejores científicos eran invitados a ser miembros. Robert Boyle y Christopher Wren eran dos científicos muy conocidos de la Sociedad Real. Boyle era un gran pensador y un químico famoso. Christopher Wren fue el científico que construyó la catedral de San Pablo, una famosa iglesia de Londres. Newton no dejó escapar la oportunidad para hacerse miembro de una sociedad tan respetada.

Desacuerdos

Poco después de ingresar a la Sociedad Real,

In Newton's time, alchemists mixed things together to make potions and medicines. Until the eighteenth century, alchemists like these people were more like magicians than scientists. But alchemy led to a science called chemistry. For a while, Newton experimented with alchemy. But he did not make any discoveries in this area of science.

En los tiempos de Newton, los alquimistas mezclaban cosas para hacer pociones y medicinas. Hasta el siglo dieciocho, los alquimistas, como estos, eran más magos que científicos. Pero la alquimia llevó a una ciencia llamada química. Por un tiempo, Newton experimentó con la alquimia. Pero no hizo ningún descubrimiento en esta área de la ciencia.

ton spoke to the members. He spoke about his experiments with light and the spectrum.

After he spoke, Newton met a man named Robert Hooke. Hooke had done his own work on light and he had listened to Newton's speech. Hooke disagreed with Newton's ideas.

Both Robert Hooke and Isaac Newton were excellent scientists. And both were highly respected in the Royal Society. But they never saw eye to eye.

Newton believed that Hooke tried to claim ideas that Newton had thought of first. Hooke claimed to have developed Newton's laws of motion, for example. To escape the arguments, Newton threw himself into his work. But Newton and Hooke argued about their ideas for many years.

Then, in June 1679, Newton got some news that put an end to his work for a while. His mother Hannah, was very ill. So he left Trinity College and returned home to Lincolnshire. For many months, he took care of things at home and did not study science at all. But New-

Newton habló a los miembros. Habló sobre sus experimentos con la luz y el espectro.

Luego de hablar, Newton conoció a un hombre llamado Robert Hooke. Este hombre también había estudiado la luz y había escuchado el discurso de Newton. Hooke estaba en desacuerdo con las ideas de Newton.

Tanto Robert Hooke como Isaac Newton eran excelentes científicos. Y los dos eran muy respetados dentro de la Sociedad Real. Pero nunca estuvieron de acuerdo.

Newton creía que Hooke trataba de reclamar como propias ideas en las que Newton había pensado primero. Hooke decía que había desarrollado las leyes del movimiento de Newton, por ejemplo. Para evitar las discusiones, Newton se dedicó completamente a su trabajo. Pero Newton y Hooke discutieron sobre sus ideas por muchos años.

Luego, en junio de 1679, Newton recibió unas noticias que pusieron fin a sus trabajos por un tiempo. Su madre, Hannah, estaba muy enferma. Newton dejó Trinity College y volvió a su casa de Lincolnshire. Por muchos meses, se hizo cargo de las cosas en la casa y dejó por completo sus investigaciones. Pero Newton

> 66 What is important for Newton, he recognized his own [abilities] because he understood the [importance] of his achievements. . . . He measured himself against the leaders of European science whose books he read. 99

—Robert Westfall, from his book about Newton, *Never at Rest*

> 66 Lo que es importante en Newton, él reconoció sus propias [habilidades] porque entendió la [importancia] de sus logros. . . . Él se comparaba con los líderes de la ciencia europea, cuyos libros había leído. 99

—Robert Westfall, en su libro sobre Newton, *Nunca un descanso*

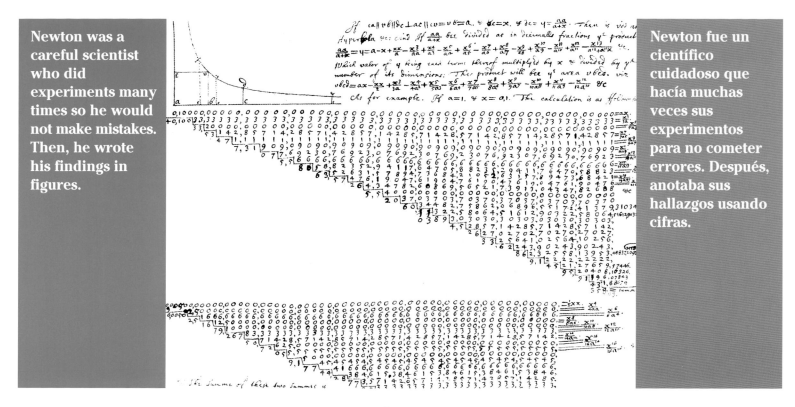

Newton was a careful scientist who did experiments many times so he would not make mistakes. Then, he wrote his findings in figures.

Newton fue un científico cuidadoso que hacía muchas veces sus experimentos para no cometer errores. Después, anotaba sus hallazgos usando cifras.

ton and Hooke continued their arguments. They wrote angry letters back and forth.

The Careful Scientist

Newton was a very careful scientist. He worked on one problem until he found the answer. He backed up his ideas by doing experiments. Many people call Isaac Newton the first real scientist because of the way he did his work. He still found it hard to publish his work, however. His friends urged him to make his discoveries known, but Newton never felt ready. His closest friend decided to do something about this.

Edmund Halley was Newton's closest friend. In May 1684, Halley visited Newton at

y Hooke continuaron sus discusiones. Se escribían cartas muy enojados.

El científico cuidadoso

Newton siempre fue un científico cuidadoso. Trabajaba en un problema hasta encontrar una respuesta. Apoyaba sus ideas haciendo experimentos. Mucha gente llama a Isaac Newton el primer científico verdadero por la manera en que hizo su trabajo. Sin embargo, le era difícil publicar su trabajo. Sus amigos lo animaban a hacer conocer sus descubrimientos, pero Newton nunca se sentía listo. Su amigo más cercano decidió hacer algo sobre esto.

Edmund Halley era el amigo más cercano de Newton. En mayo de 1684, Halley visitó a Newton

Cambridge. Halley tried to convince Newton to publish what he had proved about how objects moved. Newton had been working on the science of moving objects, called mechanics, since the Great Plague.

Halley had a hard time convincing Newton to publish. He did not want to publish work he had not yet finished, and he could not afford to publish a book that explained all of his findings. So Halley offered to pay for Newton to publish a large book. Then, Newton agreed to finish writing about his discoveries. He agreed with Halley that the book should be published before anyone else tried to claim his discoveries once again.

The *Principia*

Newton worked day and night. He finished his book in eighteen months. The book was called the *Principia*. On April 28, 1686, the *Principia* was sent to the Royal Society.

The scientists of the Royal Society thought the book was amazing. It described Newton's

en Cambridge. Halley trató de convencer a Newton de que publicara lo que había probado sobre cómo se movían los objetos. Desde la Gran Plaga, Newton había estado trabajando en la ciencia de los objetos en movimiento, llamada mecánica.

Halley tuvo problemas para convencer a Newton de que publicara sus hallazgos. Newton no quería publicar trabajos que todavía no había terminado, y no podía pagar la publicación de un libro que explicara todos sus hallazgos. Así que Halley ofreció pagarle a Newton la publicación de un libro grande. Entonces, Newton consintió en terminar de escribir sobre sus descubrimientos. Estuvo de acuerdo con Halley en que el libro debía publicarse antes de que nuevamente alguien dijera que eran suyos los descubrimientos de Newton.

Principios

Newton trabajó sin descanso. Terminó su libro en dieciocho meses. El libro fue titulado *Principios*. El 28 de abril de 1686, *Principios* fue enviado a la Sociedad Real.

Los científicos de la Sociedad Real pensaron que el libro era magnífico. Describía las ideas de Newton sobre la gravedad, y también muchas otras

" Newton . . . could hardly convince himself that anything was ready for publication. "

—Richard Westfall, from his book about Newton, *Never at Rest*

" A Newton . . . le costaba convencerse de que algo estaba listo para ser publicado. "

Richard Westfall, en su libro sobre Newton, *Nunca un descanso*

ideas about gravity, and it had many other new ideas too. Most importantly, however, *Principia* explained what came to be known as Newton's laws of motion.

Inertia

Newton's Laws of Motion
1. Objects remain in a state of rest or move in a straight line unless they are acted on by an outside force.
2. The mass of an object and the force that acts upon it determine how fast the object moves.
3. For every action there is an equal and opposite reaction.

ideas. Lo más importante, sin embargo, era que *Principios* explicaba lo que se llegó a conocer como las leyes del movimiento de Newton.

Inercia

Leyes del movimiento de Newton
1. Los objetos permanecen en un estado de reposo o se mueven en una línea recta hasta que sobre ellos actúa una fuerza externa.
2. La masa de un objeto y la fuerza que actúa sobre él determinan la rapidez con que se mueve el objeto.
3. Para cada acción, hay una reacción igual y opuesta.

This toy is called Newton's Cradle. The movement of the balls shows how Newton's laws work. He explained these laws in his famous book, *Principia.*

Este juguete se llama Cuna de Newton. El movimiento de las bolas muestra cómo se aplican las leyes de Newton. Él explicó estas leyes en su famoso libro, *Principios.*

There are three laws of motion stated in the *Principia*. The first law deals with the idea of inertia. Inertia refers to the fact that all objects fight against movement. In order to move an object, a force must be used.

Newton explained the idea of inertia. He explained that because of inertia, things remain in a state of rest. For some things, a state of rest means moving in a straight line.

Think about a ball rolling along a smooth surface. If there were no wind or any other force at work on the ball, it would continue to move in a straight line. It could keep rolling forever. Of course, in real life, the ball would slow down and stop rolling at some point. It would slow down and stop when a force, like wind, acted upon it.

En *Principios* se enuncian tres leyes del movimiento. La primera ley trata de la idea de inercia. La inercia es el hecho de que todos los objetos tratan de no moverse. Para que un objeto se mueva, se debe usar una fuerza.

Isaac explicó la idea de la inercia. Dijo que por la inercia, las cosas permanecen en un estado de reposo. Para algunas cosas, un estado de reposo significa moverse en una línea recta.

Piense sobre una bola que rueda a lo largo de una superficie lisa. Si no hay viento o ninguna otra fuerza en acción, la bola continuará rodando en línea recta. Podría seguir rodando para siempre. Por supuesto, en la vida real, la bola disminuiría su velocidad y en algún momento se detendría. Disminuiría su velocidad y se detendría cuando una fuerza, como el viento, actuara sobre ella.

The *Principia* has been called the greatest scientific work of all time.

Principios ha sido llamado el más grande trabajo científico de todos los tiempos.

The Italian scientist Galileo had studied moving objects before Isaac Newton studied them. But Galileo had studied falling objects. No one before Isaac Newton had studied the forces that work on objects to make them move.

The Laws of Motion

Today, the ideas of force and inertia are nothing new. But before Isaac Newton's time, no one had thought of them. A thousand years before Newton's time, however, a Greek thinker named Leucippus had written a similar idea. "Nothing happens without a cause," Leucippus wrote.

Newton's science was very different from what earlier scientists and thinkers had done. What Leucippus had written was true, but he did not use an example to explain his statement or use mathematics to prove it.

Newton explained that forces need to act on an object to make it move. He proved this idea by using mathematics. Then, he did experiments with

El científico italiano Galileo había estudiado los objetos en movimiento antes que Newton. Pero Galileo había estudiado los objetos que caían. Nadie antes de Newton había estudiado las fuerzas que actúan sobre los objetos para hacerlos mover.

Las leyes del movimiento

Hoy día, las ideas de fuerza y de inercia no son nada nuevo. Pero antes de Newton, nadie había pensado sobre ellas. Sin embargo, mil años antes de Newton, un pensador griego llamado Leucippus había escrito sobre una idea similar. "Nada ocurre sin una causa", había escrito Leucippus.

La ciencia de Newton era muy diferente de lo que habían hecho los científicos y pensadores anteriores. Lo que Leucippus había escrito era cierto, pero él no había dado un ejemplo para explicar su afirmación o usado las matemáticas para probarlo.

Newton explicó que se necesitaba que una fuerza actuara sobre un objeto para moverlo. Probó esta idea usando las matemáticas. Después, hizo experimentos con diferentes clases de fuerzas y diferentes objetos. La ciencia de Newton le permitió

different kinds of forces and different objects. Newton's science allowed him to develop laws that could be used to predict what would happen.

Newton discovered that an object moves or changes course because forces act upon it. Nothing changes in the object itself to make it move. This was a new idea that could be used to explain many events.

For example, Newton's Third Law of Motion states: "For every action, there is an equal and opposite reaction." This law explains many things, like how an airplane moves, for example. One force pushes gases from the airplane backward out of the engines, and an equal and opposite force pushes the airplane forward.

Newton's Laws at Work

Just a few years after Newton wrote *Principia*, Newton's laws of motion started to change the way scientists worked. Newton's laws helped people build clocks and many other things that had moving parts. In most cases, Newton's laws helped scientists know be-

descubrir leyes que se podían usar para predecir qué ocurriría.

Newton descubrió que un objeto se mueve o cambia de dirección porque fuerzas actúan sobre él. Nada cambia en el objeto mismo para hacer que se mueva. Ésta fue una nueva idea que se podía usar para explicar muchos eventos.

Por ejemplo, la Tercera Ley del Movimiento de Newton dice: "Para cada acción, hay una reacción igual y opuesta". Esta ley explica muchas cosas, como por ejemplo, por qué se mueve un aeroplano. Una fuerza empuja gases hacia atrás de los motores del aeroplano, y una fuerza igual y opuesta empuja al aeroplano hacia adelante.

Las leyes de Newton en acción

Sólo unos pocos años después de que Newton escribió *Principios*, las leyes del movimiento de Newton comenzaron a cambiar la forma en que trabajaban los científicos. Las leyes de Newton ayudaron a la gente a construir relojes, y muchas otras cosas que tenían piezas que se movían. En la

> " [Newton was] so. . . serious upon his studies that he ate very sparingly. . . . [Often he] forgot to eat at all. . . . [Sometimes he] would eat a bit or two standing, for I cannot say I ever saw him sit at table by himself. "
>
> —Dr. Humphrey Newton Isaac Newton's assistant

> " [Newton era] tan . . . serio acerca de sus estudios, que comía muy poco. . . . [Con frecuencia, él] se olvidaba completamente de comer. . . . [A veces, él] comía de pie un bocado o dos, pues no puedo decir que alguna vez lo vi sentado a una mesa. "
>
> —Dr. Humphrey Newton, asistente de Isaac Newton

fore a machine was built whether it would work.

The work of Isaac Newton moved science into a new age. Newton's laws of motion made it possible for a British engineer named Isambard Kingdom Brunel to build large steamships and bridges in the nineteenth century. Newton's laws of motion made it possible for James Watt to build the first working steam engine. The steam engine was built less than 100 years after the publication of *Principia*. Without the steam engine, the world's railways would never have been built.

Newton's Laws Today

Today, Newton's laws help people working in almost every field of science and engineering. People use these laws to build cars, for instance, and to design rockets.

Think about rockets that travel to the Moon. Newton proved that objects continue moving in a straight line until an outside force acts upon them. So, unless some force acts on a rocket, it would keep moving upward and crash into the Moon. Rockets are launched into space using powerful engines. But in space, no force acts on the rocket to slow it down.

The people who build rockets must introduce a force to slow them down. To do this, they launch tiny engines on the side of the rockets, called retro rockets. The

mayoría de los casos, las leyes de Newton ayudaron a los científicos a saber si una máquina iba a funcionar antes de construirla.

El trabajo de Newton adelantó la ciencia a una nueva era. Las leyes del movimiento de Newton hicieron posible que un ingeniero inglés llamado Isambard Kingdom Brunel construyera grandes barcos a vapor y puentes en el siglo diecinueve. Las leyes del movimiento de Newton hicieron posible que James Watt construyera el primer motor a vapor operante. El motor a vapor fue construido menos de 100 años después de la publicación de *Principios*. Sin el motor a vapor, los ferrocarriles del mundo nunca hubieran existido.

Las leyes de Newton hoy día

Hoy día, las leyes de Newton ayudan a personas que trabajan en casi todos los campos de las ciencias y la ingeniería. La gente usa estas leyes para construir automóviles, por ejemplo, y para diseñar cohetes.

Piense en los cohetes que viajan a la Luna. Newton probó que los objetos continúan moviéndose en una línea recta hasta que una fuerza externa actúa sobre ellos. Por esto, a menos que alguna fuerza actuara sobre un cohete, éste continuaría moviéndose hacia arriba y daría con la Luna. Los cohetes se lanzan al espacio usando poderosos motores. Pero en el espacio, ninguna fuerza actúa sobre el cohete para disminuir su velocidad.

La gente que construye cohetes debe introducir una fuerza para disminuir su velocidad. Para hacer esto, hacen funcionar pequeños motores, llamados

Estas tres fotos muestran invenciones que no hubieran sido posibles sin el trabajo de Newton.

These three pictures show inventions that would not have been possible without Newton's work.

retro rockets slow down the main rockets by pushing them backward as they approach the Moon.

Newton's *Principia* has been called the greatest work of science in history. But there was one man who did not agree that it was. Robert Hooke attacked Newton's *Principia*. Again, Hooke claimed that Newton had stolen his ideas.

Both Newton and Hooke had people on their sides. More arguments arose in the Royal Society and among other scientists in Europe. Finally, Newton won these arguments. Most scientists agreed that Newton's ideas were his own.

Difficult Years

After he published *Principia,* Newton did not publish any other works for many years. But the *Principia* had made Isaac Newton famous. His book was of interest to people in every line of work.

Most people could not understand the mathematics in *Principia.* They could understand the ideas, however. Newton's ideas appeared in books and magazines everyone read, not just scientists. His work and his science spread all over the world.

Isaac Newton, however, could not enjoy his success. He had been working too hard and had become very ill. Newton was fifty-one years old when he got ill. He had been pushing himself too hard for too long a time.

retrocohetes, en los lados de los cohetes. Los retrocohetes disminuyen la velocidad de los cohetes principales al empujarlos hacia atrás cuando se acercan a la Luna.

Principios ha sido llamado el más grande trabajo científico de la historia. Pero hubo un hombre que no estaba de acuerdo con esto. Robert Hooke atacó las ideas de Newton en *Principios.* De nuevo, Hooke decía que Newton le había robado las ideas.

Algunas personas apoyaban a Newton, otras a Hooke. Se entablaron más discusiones en la Sociedad Real y entre los científicos de Europa. Por fin, Newton ganó estas discusiones. La mayoría de los científicos estuvieron de acuerdo en que las ideas de Newton eran sólo de él.

Los años difíciles

Luego de publicar *Principios,* Newton no publicó ningún otro trabajo por muchos años. Pero *Principios* lo había hecho famoso. Su libro interesaba a gente en todo tipo de trabajos.

La mayoría de la gente no podía entender las matemáticas del libro. Sin embargo, podía entender las ideas. Las ideas de Newton aparecieron en libros y revistas que todos leían, no solamente los científicos. Sus trabajos y su ciencia se difundieron por todo el mundo.

Sin embargo, Isaac Newton no pudo disfrutar de su éxito. Había estado trabajando muy duro y se había enfermado. Newton tenía cincuenta y un años de edad cuando se enfermó. Había estado trabajando demasiado duro por demasiado tiempo.

The years between 1693 and 1696 were difficult ones for Newton. During the time he was ill, he did little work. His friends offered support and lifted his spirits. Then he was offered a job that would change his life.

The Royal Mint

Newton was offered the job as warden of the Royal Mint. He would manage the making of England's money. His job at the Royal Mint was offered to him as a reward for the important work he had done. Newton had an important job title at the mint, but there was not much for him to do.

But Isaac Newton found things to do. He always put energy into his work. His job at the mint came when England was changing its coins. Newton made sure the new coins were made correctly and that the money was sent to banks around the country.

Clippers and Thieves

Another part of Newton's job was to track down and stop

Los años entre 1693 y 1696 le fueron difíciles a Newton. Durante este tiempo estuvo enfermo y trabajó poco. Sus amigos le dieron apoyo y le levantaron el ánimo. Después, se le ofreció un trabajo que cambiaría su vida.

La Casa de la Moneda

A Newton le ofrecieron el trabajo de encargado de la Casa de la Moneda. Tenía que administrar la producción del dinero de Inglaterra. Le ofrecieron este trabajo como recompensa por el importante trabajo que había hecho. El título de Newton en la Casa de la Moneda era importante, pero no tenía mucho para hacer.

Pero Isaac Newton encontró cosas para hacer. Siempre ponía toda su energía en sus trabajos. Su trabajo en la Casa de la Moneda empezó cuando Inglaterra estaba cambiando sus monedas. Newton se aseguró de que las nuevas monedas eran fabricadas correctamente y de que el dinero se enviara a los bancos de todo el país.

Cortadores y ladrones

Otra parte del trabajo de Newton

> " Even when he was an old man the servants had to call him to dinner half an hour before it was ready, and when he came down, if he [saw] a book or a paper, he would let his dinner stand for hours. He ate . . . his supper cold for breakfast. "
>
> —John Conduitt, a close friend of Isaac Newton

> " Aun cuando ya era viejo, los sirvientes tenían que llamarlo a cenar una hora antes de la comida, y cuando bajaba, si [él] veía un libro o un escrito, no tocaba la cena por horas. Comía . . . su cena fría como desayuno. "
>
> —John Conduitt, un amigo cercano de Isaac Newton

This is what the stamping room at the Royal Mint looked like. While Newton worked at the mint, he used science to test the metal in coins.

people who made fake money. He also had to track down and stop a group of thieves known as "clippers." These people clipped off small pieces of coins, melted down the metal, and removed the silver.

Newton was clever and put much energy into tracking down these thieves. He succeeded in his efforts. Within three years of starting the job, Newton was made master of the mint.

Science at the Mint

The most important part of Newton's job at the mint was testing the coins. He had to

era localizar y detener a la gente que hacía dinero falso. También tenía que localizar y detener a grupos de ladrones, conocidos como "cortadores". Esta gente cortaba pequeños pedazos de las monedas, derretía el metal y sacaba la plata.

Newton fue astuto y puso mucha energía en localizar a estos ladrones. Tuvo éxito en sus esfuerzos. A los tres años de comenzar el trabajo, lo hicieron director de la Casa de la Moneda.

La ciencia en la Casa de la Moneda

La parte más importante del trabajo de Newton

Así se veía el cuarto de estampación de la Casa de la Moneda. Mientras Newton trabajó en la Casa de la Moneda, usó la ciencia para probar el metal en las monedas.

make sure that all the coins were the same width and that each had exactly the same amount of precious metal. This was no easy job. But Newton's scientific training helped him do the job right.

Each day, Newton visited the pressing plant next to his offices. Using specially designed ladles, the workers would take out a small sample of the melted metal. Newton would then take the sample back to his laboratory and do experiments to learn what the metal was made of. His experiments helped him make sure that all the coins had

en la Casa de la Moneda era probar las monedas. Tenía que asegurarse de que todas las monedas tuvieran el mismo ancho y de que cada una tuviera exactamente la misma cantidad de metal precioso. Esto no era fácil. Pero Newton usó sus conocimientos científicos para hacer un buen trabajo.

Cada día, Newton visitaba la planta impresora, junto a sus oficinas. Usando cucharones de un diseño especial, los trabajadores tomaban una pequeña muestra del metal fundido. Después, Newton llevaba la muestra a su laboratorio y hacía experimentos para saber qué había en el metal. Sus experimentos lo ayudaron a asegurar que

This Queen Anne coin was made while Newton worked at the Royal Mint.

Esta moneda con la reina Ana fue hecha mientras Newton trabajaba en la Casa de la Moneda.

the same amount of precious metal.

High Office

Newton kept his job at Cambridge until he was made master of the Royal Mint. But even before then his job at the mint took up most of his time. For years, Newton paid little attention to his research and did few experiments. He poured most of his energy into his new career.

During this time, changes were taking place at the Royal Society. The leaders of the society argued about what the function of the society should be from now on. Newton did not attend meetings of the Royal Society very often anymore. He was far too busy at the mint, for one reason. For another reason, he wanted to avoid arguments with Robert Hooke. In 1703, however, Robert Hooke died. He was sixty-eight years old.

Isaac Newton was the society's most famous member. After Hooke's death, the members of the Royal Society voted to make Newton their new leader. In 1703, at the age of sixty, Newton became president of the Royal Society.

todas las monedas tenían la misma cantidad de metal precioso.

Un alto puesto

Newton mantuvo su trabajo en Cambridge hasta que lo hicieron director de la Casa de la Moneda. Pero aún antes de esto, su trabajo en la Casa de la Moneda le ocupaba casi todo su tiempo. Por años, Newton prestó poca atención a sus investigaciones e hizo pocos experimentos. Puso toda su energía en su nueva carrera.

Durante este tiempo, estaban ocurriendo cambios en la Sociedad Real. Los líderes del grupo discutían sobre cuáles debían ser en el futuro las funciones de la sociedad. Newton ya no iba tanto a las reuniones. Una razón era que estaba muy ocupado en la Casa de la Moneda. Otra razón era que quería evitar discusiones con Robert Hooke. Pero, en 1703, Robert Hooke murió. Tenía sesenta y ocho años.

Isaac Newton era el miembro más famoso de la Sociedad Real. Luego de la muerte de Hooke, los miembros de la sociedad eligieron a Newton como su nuevo líder. En 1703, a los sesenta años, Newton fue nombrado presidente de la Sociedad Real.

Como siempre, Newton se dedicó

As usual, Newton threw himself into his work. He worked hard to solve the problems of the society. The members met weekly, as they had before. But now at these meetings, the people no longer concentrated only on science. When Newton became president, membership in the society was lower than ever before. Newton set his sights on stirring up interest. He made a plan to improve the society, and he made sure that the weekly meetings were of scientific interest.

During Newton's time as president, more and more people started coming to meetings. In a short time, the membership doubled. Newton succeeded in stirring up the interest he wanted, and he greatly improved the society. Today, the members of the Royal Society include highly respected scientists from all over the world.

Newton's New Book

Isaac Newton was a world-famous scientist, master of the Royal Mint, and president of the Royal Society. The *Principia* was read and trusted by scientists and other people all over the world.

completamente a su trabajo. Trabajó mucho para resolver los problemas de la sociedad. Los miembros se reunían semanalmente, como lo habían hecho antes. Pero ahora en estas reuniones, no se concentraban sólo en las ciencias. Cuando Newton comenzó como presidente del grupo, el número de miembros era más bajo que nunca. Newton se propuso renovar el interés. Hizo un plan para mejorar a la Sociedad Real, y se aseguró de que las reuniones semanales fueran de interés científico.

Durante la presidencia de Newton, más y más gente comenzó a asistir a las reuniones. En poco tiempo, el número de miembros se había duplicado. Newton tuvo éxito en renovar el interés y en mejorar grandemente a la sociedad. Hoy día, los miembros de la Sociedad Real incluyen a científicos muy respetados de todo el mundo.

El nuevo libro de Newton

Isaac Newton fue un científico mundialmente famoso, director de la Casa de la Moneda y presidente de la Sociedad Real. Su libro *Principios* era leído y respetado por científicos y por la gente común de todo el mundo.

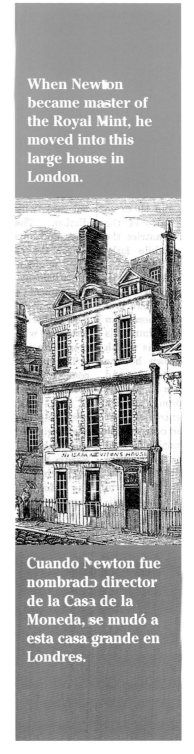

When Newton became master of the Royal Mint, he moved into this large house in London.

Cuando Newton fue nombrado director de la Casa de la Moneda, se mudó a esta casa grande en Londres.

This picture was painted about 1690. This was what London looked like in Newton's time. The large building in the distance is the Tower of London, where Newton worked at the Royal Mint.

In 1704, Newton was ready to publish a second book. The new book would explain the discoveries he had made about light. Newton called his book *Opticks,* and today, this study of light is called optics. Just as people expected, Newton's new book was another big success.

The Final Years

In 1705, the year after Newton published *Opticks,* he was knighted by England's Queen Anne. Queen Anne made Newton a knight to honor him for his great works in science and in serving the public. Isaac Newton was the

En 1704, Newton estuvo listo para publicar un segundo libro. El nuevo libro iba a explicar los descubrimientos que había hecho sobre la luz. Newton le dio el título de *Óptica,* y hoy día, el estudio de la luz se llama óptica. Tal como la gente esperaba, el nuevo libro de Newton fue otro gran éxito.

Los últimos años

En 1705, un año después de que Newton publicó *Óptica,* fue hecho caballero por la reina Ana de Inglaterra. La reina Ana hizo a Newton caballero para honrarlo por sus grandes trabajos en ciencias y por sus servicios a la gente.

Este cuadro fue pintado cerca de 1690. Muestra a Londres en la época de Newton. El edificio grande que se ve a lo lejos es la Torre de Londres, donde Newton trabajaba en la Casa de la Moneda.

first scientist ever to be honored in this way.

Newton was England's most famous scientist, and Queen Anne had rewarded him for his work. But in the last few years, Newton had made some new enemies. He had argued in public with two famous scientists. The worst of these arguments was between Newton and a German scientist named Gottfried Leibniz. In *Opticks,* Newton had claimed credit for inventing the branch of mathematics called calculus. Leibniz claimed that the invention was his.

Newton had used calculus to solve complicated problems nearly sixty years earlier. He had used calculus when he first developed his

Isaac Newton fue el primer científico en ser honrado de esta manera.

Newton era el científico más famoso de Inglaterra, y la reina Ana lo había premiado por su trabajo. Pero en sus últimos años, Newton se había hecho algunos enemigos. Había discutido públicamente con dos científicos famosos. La peor de estas discusiones fue entre Newton y un científico alemán, Gottfried Leibniz. En *Óptica,* Newton había dicho que había inventado la rama de las matemáticas llamada cálculo. Leibniz decía que él había inventado el cálculo.

Newton había usado el cálculo para resolver complicados problemas casi sesenta años antes.

ideas about motion and light. But Leibniz only learned of this when he read about it in *Opticks. Opticks* was now a world-famous book.

Newton won the argument with Leibniz. Leibniz, Newton said, had first seen the calculus in his early works and had copied it from him. Leibniz did not really have a chance against Isaac Newton. He was now considered the greatest scientist in the world.

Scientists agreed that Newton invented calculus. Gottfried Leibniz is now remembered for the work he did with calculus, too. But he never received the fame, power, and riches Newton received for his work.

Remembering Isaac Newton

Sir Isaac Newton died on March 20, 1727. He was eighty-four years old. Newton had been ill and in bed for several months before his death.

Había usado el cálculo cuando había desarrollado por primera vez sus ideas sobre el movimiento y la luz. Pero Leibniz sólo se había enterado de esto cuando lo leyó en *Óptica*. Este libro era entonces famoso en todo el mundo.

Newton ganó la discusión con Leibniz. Éste, según dijo Newton, había visto el cálculo por primera vez en los primeros trabajos de Newton y los había copiado. Leibniz en realidad no tuvo ninguna posibilidad de ganarle a Newton. Isaac Newton era considerado el más grande científico del mundo.

Los científicos estuvieron de acuerdo en que Newton había inventado el cálculo. A Gottfried Leibniz ahora se lo recuerda por el trabajo que también hizo en cálculo. Pero Leibniz nunca recibió la fama, poder y riqueza que Newton recibió por su trabajo.

Recordando a Isaac Newton

Sir Isaac Newton murió el 20 de marzo de 1727. Tenía ochenta y cuatro años. Newton había estado enfermo y en cama por varios meses antes de su muerte.

Many paintings and sculptures were made of Isaac Newton. This marble sculpture can be found today at Trinity College, Cambridge.

Se hicieron muchos retratos y estatuas de Isaac Newton. Esta estatua de mármol se puede ver en Trinity College, en Cambridge.

NEWTON

66 I don't know what I may seem to the world, but, as to myself, I seem to have been only like a boy playing on the seashore . . . now and then finding a smoother pebble or a prettier shell than [usual] while the great ocean of truth lay all undiscovered before me. 99

—Isaac Newton

66 No sé qué puede parecer yo al mundo, pero, lo que a mí me parece es que fui como un niño jugando en la playa . . . que de vez en cuando encontraba una piedrecilla más lisa o un caracol más bello que lo [usual] mientras que el gran océano de la verdad ponía todo lo todavía no descubierto frente a mí. 99

—Isaac Newton

Newton had become highly respected in Britain. When he died, he received honors only Britain's royals usually received. On April 4, he was buried in London's famous church, Westminster Abbey. He was buried among Britain's kings and queens, dukes, and earls. At Newton's funeral, two dukes, three earls, and the Lord Chancellor carried his coffin.

Sir Isaac Newton gave a huge gift to science. He argued for what he believed in, and he always managed to win. Many people disliked Newton for arguing so fiercely. Many thought that Newton did not give other scientists the

Newton había llegado a ser muy respetado en Gran Bretaña. Cuando murió, recibió honores que generalmente sólo recibían los miembros de la nobleza inglesa. El 4 de abril fue enterrado en la Abadía de Westminster, la famosa iglesia de Londres. Lo enterraron entre reyes, reinas, duques y condes británicos. Dos duques, tres condes y el Lord Canciller (el ministro de justicia) llevaron el ataúd de Newton.

Sir Isaac Newton dio un gran regalo a la ciencia. Discutió por lo que creía, y siempre se las arregló para ganar. A mucha gente no le gustaba que Newton discutiera tan duramente. Mu-

credit they deserved for their work.

Still, many other people praised Isaac Newton. They praised him for his science and they praised him for helping people. Many people thought Newton was a generous man who often helped poor families. He gave large sums of money to charity, and he always gave money to his distant relatives in troubled times.

Sir Isaac Newton had changed in his old age. He insisted on having his picture painted every two or three years. Today, there are a large number of well-painted pictures of Isaac Newton. Most of these pictures are of Newton in his old age.

Newton never married and he had no children. When he died, his property was taken over by the family of his stepfather, Barnabas Smith. But Newton left much more to the world than property. He created a new way to do science and a new way to solve problems. Today, more than 350 years after his birth, scientists all over the world use the ideas and work of Sir Isaac Newton.

chos pensaban que Newton no reconocía el trabajo de otros científicos.

Sin embargo, mucha otra gente hablaba bien de Newton. Hablaban bien de él por su ciencia y por ayudar a la gente. Mucha gente pensaba que Newton era un hombre generoso que frecuentemente ayudaba a las familias pobres. Había dado grandes sumas de dinero para caridad, y siempre había dado dinero a sus parientes lejanos en tiempos difíciles.

Sir Isaac Newton cambió en su vejez. Insistía en que pintaran su retrato cada dos o tres años. Hoy día, hay una gran cantidad de buenos retratos de Isaac Newton. La mayoría de estos retratos muestran a Newton en su vejez.

Newton nunca se casó, y no tuvo niños. Cuando murió, su propiedad pasó a la familia de su padrastro, Barnabas Smith. Pero Newton dejó al mundo mucho más que su propiedad. Él creó una nueva manera de trabajar en las ciencias y una nueva manera de resolver problemas. Hoy día, más de 350 años después de su nacimiento, los científicos de todo el mundo usan las ideas y el trabajo de Sir Isaac Newton.

IMPORTANT DATES

1642   **August:** The English civil war breaks out and continues until 1649.

December 25: Newton is born in Woolsthorpe, England, to Hannah Newton. His father had died three months earlier.

1655   Newton, age twelve, stars school in Grantham.

1661   Newton, age eighteen, enters Cambridge University.

1665   Newton begins to develop his own new mathematics.

1666   Newton makes great progress in understanding the laws of gravity.

The Great Fire of London destroys much of the city.

1667   Newton returns to Cambridge University. Within six months, he gets a new, important job at Trinity College.

1669   **July:** Isaac Barrow publishes the first book of Newton's work.

October: Newton becomes the youngest person to get a teaching job at Cambridge University.

1670–71   Newton develops his reflecting telescope.

1672   Newton is invited to join the Royal Society, a group of famous scientists.

1679   Newton's mother, Hannah, dies.

1684   Newton begins work on his famous book, the *Principia*.

1693–96   Newton suffers from illness from working too hard for too long.

FECHAS IMPORTANTES

1642   **Agosto:** Comienza la guerra civil en Inglaterra y continúa hasta 1649.

25 de diciembre: Newton nace en Woolsthorpe, Inglaterra. Su madre se llama Hannah. Su padre había muerto tres meses antes.

1655   Newton, a los doce años, comienza la escuela en Grantham.

1661   Newton, a los dieciocho años, entra en la Universidad de Cambridge.

1665   Newton comienza a desarrollar su nueva matemática.

1666   Newton hace grandes progresos en la comprensión de las leyes de la gravedad.

El Gran Incendio de Londres destruye gran parte de la ciudad.

1667   Newton vuelve a la Universidad de Cambridge. En seis meses, le dan un trabajo importante en Trinity College.

1669   **Julio:** Isaac Barrow publica el primer libro con los trabajos de Newton.

Octubre: Newton es la persona más joven en obtener un trabajo de profesor en la Universidad de Cambridge.

1670–71   Newton desarrolla su telescopio reflector.

1672   Newton es invitado a ser miembro de la Sociedad Real, un grupo de científicos famosos.

1679   Muere Hannah, la madre de Newton.

1684   Newton empieza a trabajar en su famoso libro *Principios*.

1693–96   Newton se enferma por trabajar demasiado por demasiado tiempo.

1696	Newton gets a job managing the Royal Mint.	1696	Newton obtiene un trabajo como encargado de la Casa de la Moneda.
1699	At age 57, Newton becomes master of the Royal Mint.	1699	A la edad de cincuenta y siete años, nombran a Newton director de la Casa de la Moneda.
1703	Newton becomes president of the Royal Society.	1703	Newton es nombrado presidente de la Sociedad Real.
1704	Newton's book *Opticks,* is published. The book explains his discoveries with light.	1704	Se publica *Óptica,* el libro de Newton. El libro explica sus descubrimientos sobre la luz.
1705	Newton is knighted by Queen Anne. He is the first scientist to receive this award.	1705	La reina Ana hace caballero a Newton. Él es el primer científico que recibe este honor.
1727	Sir Isaac Newton dies at age eighty-four.	1727	Sir Isaac Newton muere a los ochenta y cuatro años.

GLOSSARY

Astronomy: The study of the Sun, the Moon, the stars, the planets, and other objects in the sky.

Calculus: The branch of mathematics that allows amounts that change constantly to be used to solve problems.

Force: The push or pull one object has on another object.

Formula: In mathematics, a statement or law explained by using figures and symbols.

Friction: A force that fights against motion between two objects or surfaces that are touching each other.

Gravity: The force that attracts objects to each other. Gravity is the force that pulls material toward Earth.

Inertia: An object's fight against a change in its motion.

Laser: An instrument that produces a narrow and powerful beam of light.

Mass: How much matter is in an object.

Mechanics: The study of moving objects and the forces that act upon them.

Optics: The scientific study of light and vision.

Prism: A block of glass or plastic that is often shaped like a triangle. Prisms are used to separate light or change its direction.

Spectrum: The rainbow that is produced when a beam of light is passed through a prism.

Spectroscopy: The study of the spectrum.

Telescopes: Instruments used for viewing faraway objects, such as the Moon, the stars, and the planets.

GLOSARIO

Astronomía: El estudio del Sol, la Luna, las estrellas, las planetas, y otros cuerpos celestes.

Cálculo: La rama de las matemáticas que permite usar cantidades que cambian constantemente para resolver problemas.

Espectro: El arco iris que se produce cuando se hace pasar un rayo de luz por un prisma.

Espectroscopia: El estudio del espectro.

Fórmula: En matemáticas, un enunciado o ley que se explica usando números y símbolos.

Fricción: Una fuerza en contra el movimiento entre dos objetos o superficies que se están tocando.

Fuerza: La atracción o rechazo que un objeto tiene sobre otro objeto.

Gravedad: La fuerza que hace que los objetos se atraigan. La gravedad es la fuerza que atrae a los objetos hacia la Tierra.

Inercia: La resistencia de un objeto al cambiar su movimiento.

Láser: Un instrumento que produce un rayo de luz angosto y poderoso.

Masa: La cantidad de materia que hay en un objeto.

Mecánica: El estudio de los objetos en movimiento y de las fuerzas que actúan sobre ellos.

Óptica: El estudio científico de la luz y la visión.

Prisma: Un bloque de cristal o plástico que frecuentemente tiene forma de triángulo. Los prismas se usan para separar la luz o cambiar su dirección.

Telescopios: Instrumentos que se usan para ver objetos lejanos, como ser la Luna, las estrellas y los planetas.

INDEX

ÍNDICE